教師の仕事ここまで！

楠木宏
Hiroshi Kusuki

東洋館出版社

はじめに

中央教育審議会（中教審）は、平成31年1月25日、「新しい時代の教育に向けた持続可能な学校指導・運営体制の構築のための学校における働き方改革に関する総合的な方策について（答申）」を取りまとめました。教員の労働時間の過酷さが、世間に広く知れ渡り、文科省がそれに対して通達を出してきたのはよいことだと思います。早速、平成31年3月18日には、文部科学事務次官から、各都道府県教育委員会に「学校における働き方改革に関する取組の徹底について」という通知が出ています。

この中では、教員の負担軽減に向けて、勤務時間の順守や労働安全衛生管理の徹底、そのための学校行事の精選や内容の見直しなど、働き方改革についてかなり詳しく述べられています。特に「公立学校の教師の勤務時間の上限」については細かな通達が出ています。

また、学校の仕事を、「㋐学校以外が担うべき業務、㋑学校の業務だが必ずしも教師が担う必要のない業務、㋒教師の業務のいずれであるかを仕分けること」という丁寧な仕分けの方法まで示されています。

世の中の「働き方改革」の流れが教師にまで及んできたことをうれしく思いますが、残念ながら、教師の仕事が減るのはまだまだ先だと思っています。なぜなら、今回の通達が次のようなものだからです。

1．教師や教育委員会に「気を付けなさい」と呼びかけているにすぎず、「授業時間を減らす」など、勤務時間の削減に直接つながる国の方策が見当たらない。
2．現場での改革方法については丁寧に述べられているが、「教員数を増やす」ことも「予算を増やす」ことも述べられていない。

つまり、「現場で効率化を進めなさい」と言っているだけなのです。

また、「㋐学校以外が担うべき業務」であると認められても、すぐにやめるというわけにはいきません。その仕事が他のところに移るだけです。次に割り当てられたところ（例えば、教育委員会や役所など）は仕事が増えるのを嫌がりますから、なかなか進みません。

実際、今回の通達の中に「特に学校給食費については公会計化及び地方公共団体による徴収を基本とすべきであり，それ以外の学校徴収金についても，公会計化に向けた取組を進めるべき」という文言がありますが、すでに平成28年、「学校現場における業務の適正化に向けて」の通達の中に「学校を設置する地方自治体が自らの業務として学校給食費の徴収・管理の責任を負っていくことが望ましい」と示されていたのです。それを受けて、早速全国ではいくつかの自治体が学校給食費の徴収を公会計化していますが、私の住んでいる地方では、全く話を聞きません。

これからの教員の働き方に展望があるのはよいことですが、残念ながら、実現するのはしばらく先になるのではないかと思っています。

本書では、そんな現状で40年間働いてきた著者が、効率的に働くためのコツや、教員の仕事か否かを判断するための心構えについて、みなさんにお伝えしていきましょう。

もくじ

CHAPTER 2

CHAPTER 3

CHAPTER 4

労働範囲の曖昧さ

CHAPTER 5

何が教師を
多忙にするのか

CHAPTER 1

教師の仕事に潜む「3つの曖昧さ」

①

教師の働き方はどう変わった？

今、インターネットで「教員」「仕事」と検索すると、「教員は超多忙」「公務員の中のブラック職種」「教員希望数減る」などという否定的な記事が次々と出てきます。中には、「教員志望の学生が集まらないので、採用試験から音楽、水泳を外す」という県もあるそうです。

私が教師になったばかりの頃は、田舎の小さな学校だったということもありますが、もっとのんびりしていました。放課後には、もちろん会議や研修があるものの、ノートを見たりテストの採点をしたりする時間は十分にありました。時には先輩教師をつかまえて、「先生、跳び箱の指導方法がわかりません。教えてください」とお願いし、体育館で跳び箱を使いながら教えてもらったことも一度や二度ではありません。さすがに終業式前には成績処理で大忙しでしたが、その後の夏休み、冬休みなどの長期休みにはほとんど仕事がなく、そこで一年間の帳尻合わせをしたので我慢できていたように思います。

しかし、今は、放課後の居残り補習や会議、出張などで、ノートを見る時間もありません。また、帳尻合わせをしていた長期休みにも、校内や校外の研修が山のように入ってきます。変化する学校教育や児童対応の難しさを考えると、仕方ないとさえ思うようになりました。どうしてこんなに変わってしまったのでしょうか。

② 教師を多忙にする「3つの曖昧さ」

私は、教員の仕事を「超多忙」にした原因に、この仕事特有の「3つの曖昧さ」があると考えています。

「労働時間の曖昧さ」…放課後はどこまで働くのか
「労働内容の曖昧さ」…指導をどこまで極めるのか

「労働範囲の曖昧さ」…学校外にどこまで関わるのか

(1)「労働時間の曖昧さ」

ほとんどの会社では、就業が何時から始まり何時に終わるか、昼休みは何時から何時までか、きちんと決まっています。それを過ぎたら、雇い主が残業手当を支払わなければならないと法律で決まっているのです。教師以外の公務員でもそれは同じです。休みの日に仕事がある場合は、雇い主が代休を与えるか、もしくは休日手当を支払わなければなりません。

特に、工場労働などでは、時間が来ると他の人と交代するため、労働時間は厳格に守られています。それ以上働きたくても働けない場合もあります。しかし、私たち教師はどうでしょうか。

朝、子どもたちの登校の見守り当番があるので、始業時間よりも早く行かなくてはならないこともあります。管理職は気を使って「その分は早く帰ってください」と言うかもしれませんが、職員会議でも入っていたなら帰れるものではありません。そして、その分が給与に反映されるかと言えば、そんなこともないのです。

では、放課後はどうでしょうか。職員会議が長引いて、終業時刻をとうに過ぎています。誰も帰れません。

はたまた、仕事が片付かずに、土日に学校に出てくることもよくあります。あるいは持ち帰って、家で仕事をすることもあるでしょう。当然、その分の給与は出ません。

私たちの労働の終わりは一体いつなのでしょうか。

(2)「労働内容の曖昧さ」

世間一般の人たちに「教師の仕事って何?」と尋ねたら、何と答えるでしょうか。ほとんどの人は、「子どもに勉強を教えること」と答えるでしょう。「勉強って何ですか?」とさらに尋ねたら、「国語、社会、算数、理科、……」と答えが続くと思います。

では、教師が教える「○○教育」は、いくつあると思いますか?

教科教育だけで11、さらに、環境教育、情報教育、ＩＣＴ教育、プログラミング教育、キャリア教育……、ざっと50は超えるのではないかと思います。とてもじゃありませんが、

全てを学校で教えることはできません。

授業のほかに、行事もあります。掃除や給食などの生活指導、社会のルールやマナーに関する指導もあります。教師の仕事は、実に多岐にわたっているのです。

そして、そのどれもが明確なゴールをもたないということが曖昧さにつながっていると言えます。ここまで教えればおしまいと言い切れるものではありません。つまり、労力をかければかけるだけ極めることができるのです。これは、教師の仕事の素晴らしさでもあり、同時に恐ろしさでもあります。限られた時間内で、どこまですべきかという判断を常に迫られているということなのです。

(3)「労働範囲の曖昧さ」

私たち教師の仕事場は、学校の中だけでしょうか。

例えば、登下校の途中で、子どもたちの間にいざこざが起こったとします。登下校で起こったことの責任は、学校ですか?それとも保護者ですか?

他にも、授業中に熱を出した子どもがいたとします。少し休んでも熱が下がらない場合、その後どうしますか？保護者に連絡してすぐに迎えに来てくれればよいですが、連絡がつかない、または「すぐに迎えに行けないから、それまで学校であずかってほしい」と言われた場合、それも教師の仕事でしょうか？

地域の住民から「子どもが畑でいたずらをしていた」と聞けば、教師が出向いて謝り、誰の仕業か探さなければなりません。子どもが、放課後空き地で遊んでいて、近所の家のガラスを割ったら、学校に連絡が来ます。子どもが万引きをしたと学校に通報があれば、その子をお店まで迎えに行きます。

どこまでが教師の労働範囲なのか、どこからは保護者に任せてよいのかという点は、思いのほか曖昧です。そのため、地域や保護者に頼まれたら断れず、結局「何でも屋」になってしまう教師が多いのではないでしょうか。

CHAPTER 2

労働時間の曖昧さ

放課後はどこまで働くのか

① なぜ教師には時間外勤務手当がない？

私たち教員には、他の公務員や会社員がもらえる時間外勤務手当（いわゆる残業手当）はありません。それは給料月額の４％に相当する「教職調整額」が支給されているからです。では、「教職調整額」とは何でしょうか。

当初、教員の給与には、残業手当どころか教職調整額もありませんでした。逆に言えば、それだけ教師の仕事は楽だったのです。私の小学生時代がちょうどこの時期に当たるのでよく覚えていますが、学級通信なんてありませんでした。先生方は、勤務時間が終わればすぐに帰っていました。生活指導なんてしなくてよい時代です。学校や教師というものに対して、世間の絶対的な信頼がありました。学校で先生に叱られようものなら、「先生に叱られるなんて、何をしたのか！」と家でも叱られる始末です。今とは大きな違いです。学校は子どもや保護者にとって、権威のある怖い存在だったのです。

しかし、時代が変わり、教師にも残業手当が必要ではないかという声が上がるようになりました。

そこで、文部省（当時）は教員の勤務状況を把握するため、昭和41年度に一年間をかけて全国的な勤務状況調査を実施しました。その結果が次の通りです。

●超過勤務時間（一週間平均）

小学校：1時間20分　中学校：2時間30分

平均　1時間48分

以上の結果から、「一週間平均の超過勤務時間が年間44週*にわたって行われた場合の超過勤務手当に要する金額が、超過勤務手当算定の基礎となる給与に対し、約4パーセントに相当」と判断されました。

*年間44週（年間52週から、夏休み4週、年末年始2週、学年末始2週の計8週を除外）

週当たり平均1時間48分が、給与の4％に相当するという調査結果から、教職調整額が4％になったのです。注意してもらいたいのは、この1時間48分が「週当たり」というところです。今では信じられない数字でしょう。先に述べたように、当時の教師は、残業がほとんどなかったのです。今や毎日1時間48分をはるかに超える残業が行われています。「その職務と勤務態様の特殊性に基づき、新たに教職調整額を支給する制度を設け、超過勤務手当を支給しない」という趣旨から、「公立学校教育職員の給与等に関する特別措置法」（以下、「給特法」）が昭和47年1月より施行されました。残業手当ではなく、教職調整額という曖昧な手当になったのは、「その職務と勤務態様の特殊性に基づき」という点が根拠になっています。

これは、どういうことでしょうか。給特法によると、次のように書かれています。

「教員は、勤務態様の特殊性があり、一般行政職と同じような勤務時間管理はなじまない。

・修学旅行や遠足など、学校外の教育活動
・家庭訪問や学校外の自己研修など、教員個人での活動
・夏休み等の長期の学校休業期間

このような教員固有の勤務態様により勤務時間の管理が困難」

会社員や公務員は、上司からの命令あるいは自分自身の裁量によって残業します。「こ

の仕事を終えるのに、あと2時間残業しなさい」とか「これを終わらせるために、あと2時間残業しよう」というような具合です。しかし、教師の場合は、修学旅行や遠足、家庭訪問など、学校外での活動がすでに職務内容に含まれてしまっています。そのような点に「特殊性」があるということでしょう。

詳しくは、中央教育審議会初等中等教育分科会「教職員給与の在り方に関するワーキンググループ（第10、11回）」議事録・配付資料［資料4－2］を参照してください。

簡単にまとめると、次のようになります。

・教員の給与には、給料月額に約4％を上乗せして支給。
・その代わり残業代はなし
・給料月額の約4％は、一週間で1時間48分の残業代に相当（週6日制の時なら、1日18分、週5日制の現在なら21・6分に相当する）。

昔、私が先輩教員に「4％以上払われないのがわかっていて、なぜその案が認められたのですか?」と質問したことがありました。

その当時から、「働かせ放題ではないか」「この法律は毒饅頭だ」と反対する教員もいましたが、「何もないよりはマシだろう」という意見に押されて教職調整額が認められていったという話です。「まさかこんなに忙しくなると思わなかった」という話も聞きました。

では、給特法は改善されるのでしょうか。私は改善されないだろうと考えています。もし給特法が廃止され、残業手当がきっちり支給されるようになれば、試算では何千億円というお金が必要になります。そんなお金がどこにあるでしょうか。今回の中教審の答申で、具体的な解決方法が示されなかったのが、その証拠だと言えるでしょう。

なお、公立学校の教員の働き方改革を進める「改正教職員給与特別措置法」(以下、「改正給特法」)が2019年12月4日に、国会で成立しました。

「改正給特法」では、教員にも年間で変形労働時間制を採用できるようにしたことと、時間外勤務の上限設定が明記されたことがあげられます。

変形労働時間制は自治体が条例を定めれば2021年4月から導入できます。行事などが多忙な4、6、10、11月の計13週に勤務時間を週3時間ほど増やし、その分、夏休み期間中の8月に休日を5日ほど取得することが想定されています。有給休暇と組み合わせると、10日程度の連続休暇も可能となります。しかし、具体的な運用は自治体や学校に委ねられます。育児や介護などで勤務時間を延ばせない教員は適用対象外にもできます。これは「できる」とされているだけで、必ずしも運用しなければならないわけではありません。

もう一つは、放課後の部活動指導や授業準備なども「勤務時間」とし、時間外勤務の上限を「月45時間、年360時間」としたことです。時間外勤務の上限設定は2020年4月から適用されますが、罰則規定はありません。

しかし、次のような心配の声もあがっています。

・週3時間勤務時間を増やしたところで、仕事が減るわけではないので、何の解決にもならない、実効性が疑問視される。
・適用されるのが学校での勤務時間になるために、持ち帰り仕事や休日にする仕事は勤務時間にカウントされない。
・育児等の事情がある人の中でも、7時間45分のままだったり、時短勤務だったりする。

変形労働が適用されない人も同じ職場にいるので、今よりも勤務時間管理は複雑になる。
・改正法の中身をきちんと理解している管理職ならよいが、そうでない場合、全職員に勤務の延長を強要されると、保育園等の迎えに行くのに年休を申請しなくてはならなくなる。
・夏休み中に休みのまとめ取りができる保障がない。

一番心配されるのが、業務量を減らさずに退勤だけを強要する「時短ハラスメント（ジタハラ）」の問題です。時間外勤務の上限を設けたことによって、教育委員会等に報告しなければなりません。学校現場では教員に対する「早く帰れ」というプレッシャーが強まってくるはずです。それでは、持ち帰り仕事が増えるだけです。タイムカードがある学校では、タイムカードを切った後で仕事を続けたり、残業しても報告しない人たちが増えたりして、結局は、実際の労働時間が闇の中になってしまうことが危惧されます。

② 教師という立場の曖昧さ

私たち教師は、労働上の立場も曖昧です。昔は、私たちの給与の半分は国庫負担で、残りは都道府県でしたが。2006年に国庫負担率は2分の1から3分の1に引き下げられました。現在、給与の3分の1は国、残りの3分の2は都道府県です。しかし、教員を管理しているのは、市町村なのです（公立の小中学校の場合）。

ある市の職員なら、給与の負担は市で、管轄も市です。雇用者と労働者の関係が一本で、労働条件の改善に関する要求や改善が双方向で行われます。しかし、教員の場合は、給与の負担は国が3分の1、都道府県が残りの3分の2、そして管理は市町村と、バラバラになっています。このような仕組みとなっているのは、教員の給与を安定した水準に保つためなのですが、その一方で、学校や教員の仕事の待遇向上について発言しづらくしているのではないかと考えられます。

２０１８年にT市の小学1年生の子どもが、近くの公園に校外学習に出かけた際に熱中症にかかり、不幸なことに亡くなりました。私が報道で驚いたのは、当時、T市の小中学校の教室にエアコンがなかったことでした。私の住んでいる市では、すでに10年ほど前から、公立小中学校の全ての教室にエアコンが設置されています。T市には、大工場があり、私の住んでいる市とは比較にならないくらい、税収は多いはずです。スタジアムをはじめ、図書館、消防署など、立派な施設が並んでいます。そのT市で、公立小中学校の教室にエアコンがなかったということを、初めて知りました。事件後、T市のすべての公立小中学校の教室にエアコンが設置されましたが、これも学校や教員の政治的な立場の弱さを表しているのではないかと思います。

また、市町村では「マラソン大会」などの、子どもを含む市民が大勢参加する行事が行われることがあります。本来ならば、市町村の職員で行わなければならないはずです。しかし、それだけでは人手が足りないからか、管理権があるからなのか、教員も参加要請される場合があります。休日の開催ですから、市町村の職員の場合は代休か時間外手当がきちんと保障されますが、教員には、「管理職に言って代休を取ってください」という連絡だけです。多くの場合、取りにくいので、取得した形にして働くのが実情でしょう。教員は便利な存在なのです。

③ 労働時間はどこまで？

(1) 休憩時間すら取れない教師の日常

私の住んでいる地域では、教師の勤務時間は7時間45分です。それに、休憩の45分を加えると、合計8時間30分になります。8時に学校が始まるなら、16時30分に勤務は終了しているはずです。また、8時15分に学校が始まるなら、16時45分に勤務は終了しているはずです。本来ならば、その時刻に「失礼します」と帰ってよいはずです。しかし、私自身もその時刻に帰れたことはほとんどありません。それどころか、学校にいれば休憩時間の

45分ですら取れたことはありません。きちんと休憩が取れたのは、研修などで朝から出張に出ている時ぐらいです。研修の合間にはお昼休憩がきちんとあります。皮肉なものです。教員以外の公務員や会社員が、お昼休みに食事に出たり、公園で休んだり、ボール遊びに興じている姿を見ると羨ましく思ったものです。

私が管理職になった時の話です。新しい学校に教頭として赴任しました。事前に「教頭職の仕事について」などという講習はありません。教頭職に関する知識といえば、今までの学校で教頭の仕事を見ていた経験と、前任者からの引き継ぎで聞いていたことのみです。4月1日から、いきなり実践が始まります。子どもたちはまだ来ていませんが、4月1日から新学期の準備です。教科書の配付、名簿の作成などなど、学校の準備だけでも手一杯なのに、教育委員会から山のようなメールが来ます。全て処理していかなければなりません。まだ要領もつかめていないのに、あっという間に仕事の山です。毎日朝早くから夜遅くまで、やってもやっても終わりません。校長宛の仕事の一部も私がやらなくてはなりませんでした。「校長の職務命令」によって教頭が行うのが、当時の暗黙の了解でした。校長に聞くと丁寧に教えてはくれますが、ほとんどは去年の書類を見て推察するしかありません。4月の土日は全て出勤して処理しました。ゴールデンウィークもほぼ毎日出勤しました。あまりの仕事の多さに腹が立って、ざっと勤務時間を計算したら、4月1日からゴールデンウィーク明けまで、時間外労働時間が150時間をはるかに超えていました。私だけではありません。新任の教頭は、大体同じようなものです。もっと多い人もいました。しかし、労働時間は正直に報告していません。それは、時間外労働時間が80時間を超えると、教育委員会に報告して産業医と相談しなければならなくなるからです。新任の教頭が、そんなことできるでしょうか。これから後に校長試験を受けなければならないのに、そんな報告をすれば昇進に不利になるのは決まっています。せいぜい79時間59分と書いて、ささやかな抵抗をしたくらいです。

(2) 「時間外勤務を命じることはできない」

先ほど、教師は「働かせ放題」だと述べました。では、教師の仕事には本当に制限が無いのでしょうか。実は、「給特法第5条による読替後の労基法第33条第3項」に、次のような制限が設けられています。

「原則として公務のために臨時の必要がある場合に時間外勤務を命じることはできない

が、限定された場合に時間外勤務を命じることができる」

つまり、私たち教師には、勤務時間以降の「時間外勤務を命じることはできない」のが原則です。現実とは真逆の法律に驚いたことでしょう。16時30分や16時45分の勤務終了時に「では、さようなら」と帰ったとしても、管理職でも止めることはできないのです。ただし、以下の場合を除きます。

「時間外勤務を命じることができる場合は政令で定める基準に従い条例で定める。」

これはいわゆる「超勤（限定）4項目」と言われるもので、「①生徒の実習、②学校行事、③職員会議、④非常災害、児童生徒の指導に関し緊急の措置を必要とする場合等」を指します。

この中で、「①生徒の実習」とは、水産高校が船で航海実習などに出るような場合を指すので、公立の小中学校では該当しません。管理職が時間外勤務を命じることができるのは、実際には「②学校行事、③職員会議、④非常災害、児童生徒の指導に関し緊急の措置を必要とする場合等」だけと言えるでしょう。

じゃあ、毎日遅くまで残っている現実は、なんなんだと言いたくなります。「帰ってはいけない」のではなくて「帰れない」のですよね。

私たち教師に対して、管理職が時間外勤務を命じることができるのは、学校行事（遠足や運動会が勤務時間を超えてしまう場合）、職員会議（勤務時間内に終わらず、長引いてしまう場合）、非常災害（天災等で子どもたちを学校に留め置いたり、学校が避難場所になったりした場合）の時だけです。

つまり、それ以外は、私たちが自主的に残っているということになります。しかし、現実は、クラブ活動が終わるのは勤務時間終了後なので、片付け等をしているとさらに遅くなったり、会議が長引いて勤務時間内に終わらなかったり、また終わっても、それから自分の仕事をしなければならなかったりします。また、家庭訪問では保護者が仕事から帰ってくるのを待つと、遅い時間から出かけなければならなかったりすることもあるでしょう。勤務時間を超えるのが当たり前の現状があります。

④ 労働時間に線引きするために

(1) 「おかしい」という自覚をもつ

では、どうすれば少しでも労働時間の線引きができるのでしょうか。私が管理職の時は、次のことを提唱していました。

① 勤務時間外は「タダ働き」と意識付ける。

前述の通り、週5日制の現在、4%は1日21・6分にしか相当しません。8時15分に勤務が始まり、16時45分に勤務が終わるなら、17時7分以降の働きは、全て無給ということになります。

私が若い頃、勤務時間を過ぎると「いつまで働いているのだ。これから先はタダだぞ」と、笑いながら言う校長がいました。当時は「校長先生は仕事がないからいいけど、私たちはまだまだ片付かないから働いているのに」と心の中でつぶやいていました。しかし、今考えると、この意識付けはとても大切なことでした。

②　チャイムは、授業開始・終了時にだけ鳴らすのではなくて、勤務終了時にも鳴らす。

授業開始・終了のチャイムとは違う音色のチャイムにするとよいです。

③　会議が長引いた時、勤務終了時間になったら「続けてもよいでしょうか？」と必ず一言入れる。

これも意識付けの一環です。若い時に、妻から「今日は会議の内容が多くて、とても保育園に迎えに行けそうにない。あなた行ける？」と聞かれたことがありました。私の学校は会議が比較的早く終わるので、迎えに行けると判断しました。しかし、思ってもいない内容で会議がとても長引いて、保育園に迎えに行く時間が迫ってきました。会議中でしたが、静かに校長先生に近づき、どうしても迎えにいかなければならないので、今から年休をください、と小声で言いました。すると、校長先生は「17時以降に年休はない。すぐに行きなさい」と言ってくれました。なぜかこの言葉をよく覚えています。

④　初めから勤務時間を超えるような設定はしない。

さも当たり前のように「4時45分（勤務終了時間）から会議を始めます。担当の先生は集まってください」と提案した教師に対して、「ちょっとおかしいのではないか」と言ったこともあります。しかし、現実にはみんな忙しかったので、私に隠れて勤務終了後に会議をしていたようです。

労働時間に線引きをするといっても、確かに周りが忙しく働いている時に自分だけ帰るのは、悪い気がするものです。管理職の頃、「早く帰る人が、体裁悪そうに『お先に失礼します』というのは、おかしい。早く帰ることができる人はすなわち仕事が早い人」と話したことがありますが、職員から冷たい視線を浴びたものです。いくら正論を言ったところで、帰りにくいことに変わりはありません。

うまく帰るために、こんな方法もあります。

まず、突然「あっ！」と叫びます。そして、「大変だ！忘れていた」などと言いながら、大急ぎで片付けをして帰ります。つまり、用事があったことを忘れていたような芝居を打つわけです。いつもこれをしていたら、さすがに見破られるでしょうが。

何はともあれ、一番大切なことは**「教師の長時間労働は、おかしいという自覚をもつこと」**です。自覚をもたなければ、いつまでたっても変わりません。

(2) 学校はブラック企業？

私が若い頃には、夏休みなどの長期休業の前になると、「短縮授業」の期間が一週間ほどありました。「短縮授業」では、午後の授業をなくし、子どもたちは平常の時間割より早く下校します。そして、その期間に成績処理をしたり、通知表の記入をしたり、事務処理をしたりするのです。しかし、土曜休みが増えるに従い、授業時間数がギリギリになってきました。

ある年の4月に、校長から「今年から短縮授業は行わない」という報告がありました。市の教育委員会や校長会での決定事項なので、誰も異議を唱えることはできませんでした。

放課後、校長に尋ねてみました。

「今まで、短縮授業期間に成績処理などをしていました。毎日、時間割通りに授業をしているとそれができません。いつやるのですか？家に持ち帰るのなら、その分労働時間は増えますよね」

校長は、「そうなるが、世間の目もあるし、仕方ない」と言いました。

成績処理は、学期の初めからコツコツとできるものではありません。学期の終わりに集中して行うものです。その仕事上の時間が保障されないのです。

それ以降、成績処理をしなければならない時期になると、家に持ち帰ったり、土日に学校に出てきたりするようになりました。さらに、情報管理が徹底される時代になってくると、成績などの情報を家に持ち帰ることも難しくなってきました。「学校では時間がない」「持ち帰ってはいけない」。それでは、いつするのでしょうか。結局、曖昧なまま現在に至っています。

教師は子どもたちを相手にする仕事なので、「労働時間、労働時間」とは言いにくいところがあるのはたしかです。世間も、教師が公私の境なく働くことを期待しています。むしろ、それが当然と思っている節もあります。教師には「残業」という概念すら認められていないのでしょうか。世間のイメージというのは根強いもので、前述したように、残業手当ではなく教職調整額になったのも、それが一因と言われています。

例えば、次のセリフを聞くとどんな光景を思い浮かべますか?

「お客様のために、私たちは一生懸命働きます」

「お客様の笑顔は私たちの喜びです」

「お客様とともに私たちも成長します」

いわゆるブラック企業の社員が一斉に唱和している光景が浮かびませんか。でもこの「お客様」を「子どもたち」に変えてみたらどうでしょう。

「子どもたちのために、私たちは一生懸命働きます」

「子どもたちの笑顔は私たちの喜びです」

「子どもたちとともに私たちも成長します」

どこかで聞いたような気がしませんか。そろそろ気付かなくてはいけないのです。

子どもたちのために
私たちは一生懸命働きます

CHAPTER 3

労働内容の曖昧さ

指導をどこまで極めるのか

1 教師の仕事って何？

(1) 学習指導はどこまで？

学習指導要領で定められている教科の学習指導は当然教師が行うべき仕事です。ただし、家庭学習となると、教師の仕事とは言いきれないところがあります。

例えば、社会科で「買い物」の学習をしているので、保護者と一緒にスーパーへ行って売り場の様子を見てくるというような宿題は、学習指導の一環として必要でしょう。また、計算や漢字練習の宿題などには、学力向上だけでなく、家庭での学習習慣を付けさせるという目的もあります。しかし、正直なところ、「保護者が希望するから」とか「宿題がないと、保護者からの評価が落ちないか不安」などと忖度して宿題を出してはいないでしょうか。

近年「夏休みの宿題が多すぎないか？　結局、親の負担になるので減らしてほしい」という意見が保護者からも出てきています。子どもにとって本当に必要な量、必要な内容の宿題かどうかを見直す必要があるでしょう。それが、ひいては教師の仕事を見直すことにもつながるのです。

(2) 生活指導はどこまで？

授業中に迷惑をかける、教師の指示や学校のきまりを守らない、友達に迷惑をかける、物を壊すなどの行為に対しては、当然厳しく指導しなければなりません。遠足や社会科見学ではマナーやルールもきちんと指導します。

学級経営や学校運営に支障をきたすようになれば、子どもの信頼だけでなく保護者の信頼も失ってしまうでしょう。しかし、最近は価値観の広がりや個性尊重の流れから、保護者の考えとのズレが大きくなってきていると感じます。「そこまで厳しく指導しなくてもよいのでは？」とか「うちの子どものどこが悪いのですか？」などという声も聞こえてきます。教師が子どものためを思って指導することも、保護者からしてみたら「大きなお世話」ということも増えてきました。以前、子どもに箸の持ち方を指導していたら、「うちのお父さんは、食べられたらどんな持ち方でもいいと言っていたよ」と言われてしまったことがあります。また、医者の子どもが「うちのお父さんは、好き嫌いをしたくらいでは死なないと言っているよ」と話していて、驚いたことがあります。それからは、あまり目くじらを立てないようになりました。

教師は、世間一般のマナーやルールを守るように指導しますが、そのマナーやルール自体が揺らいでいるのが現代です。

(3) 時代遅れの対応が無駄を生む

例えば、学校での掃除の仕方は、これこそ時代遅れの感を免れません。昔は家庭でもほうきや雑巾を使って掃除をしていたので、1年生でもそう抵抗なく学校の掃除に適応できました。しかし、令和の現在、ほうきや雑巾を使って掃除する家庭はどれだけあるでしょうか？　学校で使う雑巾も、昔のように保護者がわざわざ縫わなくても百均で買える時代です。ほうきの使い方から雑巾の絞り方まで、学校で教えることにどれだけの意味があるのでしょうか。掃

除はほんの一例にすぎず、「学校が世間に追いついていない」と感じる場面は数多くあります。時代遅れの対応を続けていることも、教師の仕事を増やす大きな要因になっているのです。

給食指導についても、昔は「給食を残してはいけない」「好き嫌いがあってはいけない」という時代だったので、かなり厳しく指導したものです。しかし、小食であまり食べられない子どもや家庭の事情がある子ども、食物アレルギーのある子どもなど、様々な子どもたちに対応するために以前ほど厳しい指導はしなくなりました。好き嫌いがあってもうるさくは言いません。そもそも、食事に関しては本来なら家庭で指導すべきことです。

ただ、好きなものはお代わりして山ほど食べるのに、嫌いなものは一口も食べないような極端な子どもには、教室のルールを乱す恐れがあるので指導が必要です。

② 労働内容に線引きするために

(1) 「仕事を減らす」ことへの抵抗感

通知表の見直しや学校行事の精選など、以前、先生方と話し合ったことがあります。会議で「これを減らそう」「あれをなくそう」と提案すると、決まって返ってくるのは、「それは、子どもたちにとって大切なことではありませんか?」とか「この行事に変わるものはないから、残しておきましょう」といった言葉です。教師は、基本的に真面目な人が多いので、「仕事を減らそう」という後ろ向きの意見は、とかく嫌われたり避けられたりします。そんな反応に対して、私は次のように言います。

「どれが大事かという議論になったら、もちろん全て大事。でも、時間は限られています。使える時間の中で、できることだけを残すと考えてほしいのです」。

(2)「すべきか」ではなく、「できるか」

では、どこで線引きすればよいのでしょうか？「教科書のある教科」については、内容の削減はできませんが、それ以外のいわゆる「○○教育」は、目の前にいる児童にとって必要なものを優先的に選び、できる限りやればよいと割り切ることも必要です。

また、学校行事は昨今、その形を変えてきています。例えば、運動会。私が若い頃は、春に小運動会、秋に大運動会、その前には予行演習も行いました。次第に、秋の運動会だけになり、予行演習もなくなりました。その名残か、年に1回しか運動会を行わなくなった現在でも、「大運動会」という名称が多くの学校で残っています。さらに、授業時間の確保と熱中症対策で、平日の午前中だけという学校も現れてきました。

学校行事は、法律で決められているわけではないので、どれだけでも見直しがききます。学校は保守的な傾向があるので、学校行事を減らしたり、なくしたりするとなれば、反対意見も多いでしょう。しかし、一旦変えてしまうと、そのあとは案外スムーズに進んでいくものです。

実際、「毎年やっているから」という理由だけで続けているような行事もあります。始めた当初は、もちろん目的や意味があったのですが、毎年やっているうちに忘れ去られ、ただ前例にならって行っているような行事も結構多いのです。一度、振り返って「意義は何か」と考えることも大切です。毎年行っていた行事を廃止するのは勇気のいることですが、思い切ってなくしてしまうと、その翌年からは何事もなく過ぎ去っていくものです。あんなにこだわっていたのは何だったのだろう……と不思議に思うほどです。もし「やっぱりあの行事は必要」と感じたならば、また復活させればよいのです。

ここは、中教審の答申*に習って、「ア　学校以外が担うべき業務、イ　学校の業務だが必ずしも教師が担う必要のない業務、ウ　教師の業務のいずれであるか」に仕分ける必要があるでしょう。判断の基準は「すべきかどうか」ではなく、「できるかどうか」です。それを行う時間があるかどうかで判断しなければ、現実に即した見通しとはならないからです。

*中央教育審議会「新しい時代の教育に向けた持続可能な学校指導・運営体制の構築のための学校における働き方改革に関する総合的な方策について（答申）」平成31年1月25日

3 授業を効率化する

(1) 「わかる」と「できる」を区別する

私も若い時はそうでしたが、授業では全ての子どもたちが理解できることを目指して頑張るものです。これは特に、算数において顕著と言えます。算数は、基本的な問題があり、その後練習問題へと発展します。教師はどうしても、子どもたちがわかるまで教えたいのですが、時間は限られているため、どうしても授業が遅れがちになります。

できるだけ多くの子どもたちが理解できるように教材を工夫し、時には放課後を使って教えることもあります。練習問題が終わらない時は、宿題に出します。しかし、年間の授業時数は限られているし、しなければならない単元数も決まっているのです。結局、最後の単元は足早に終わってしまうという失敗を、私自身が何度も繰り返してきました。

しかし、経験を重ねてからは、そのような失敗は少なくなりました。「わかる」ための指導は配当時数内で済ませて、その後は「できる」ためのコツを指導するようにしたのです。

そのように考えが変わったのは、ある校長先生の話を聞いたことがきっかけでした。その先生は数学が専門で、いろいろな研究会で算数・数学の授業があると、助言者として呼ばれるほどの人でした。ある時、私の学校で5年の算数の研究授業がありました。ご存じの通り、5年の算数は内容が多く、かつ難しいので、5年生を担任する上で悩みどころの一つと言えます。放課後の授業反省会で、校長先生は次のようにおっしゃいました。

「確かに、5年生の算数は鬼門です。難しく量も多い。これは、分かる子には分かるし、いくら時間をかけても分からない子には分からないのです」

どういう意味かと参加者から質問され、校長先生は続けました。「子ども個人個人に備わっている数学的なセンスというものがあります。この数学的センスをもっている子どもは、すっと分かる。しかし、持っていない子どもは、時間をかけてもなかなか理解できるものではありません」。これは、わからない子どもを放っておけと言っているのではありません。他の方法をとるしか仕方がないということなのです。

私は、この言葉をきっかけに「わかる」と「できる」の違いを考え始めた気がします。

例えば、5年の算数では、「距離・速さ・道のり」を子どもたちが「わかる」のにどうしても時間がかかります。もちろん概念を理解するためには、「わかる」指導が大切です。しかしながら、時間には限界があります。

そこで、ある段階で「できる」ための指導に切り替えます。これは、塾でもよく指導している「おはじき」という方法です（図を参照）。外側の○は「お（オー）」なので、「おはじき」と呼びます。

「はやさ」を求めたい時は「きょり÷じかん」、「じかん」を求めたい時は「きょり÷はやさ」です。また、「きょり」を求めたい時は「はやさ×じかん」になります。この公式を、図を使いながら説明します。

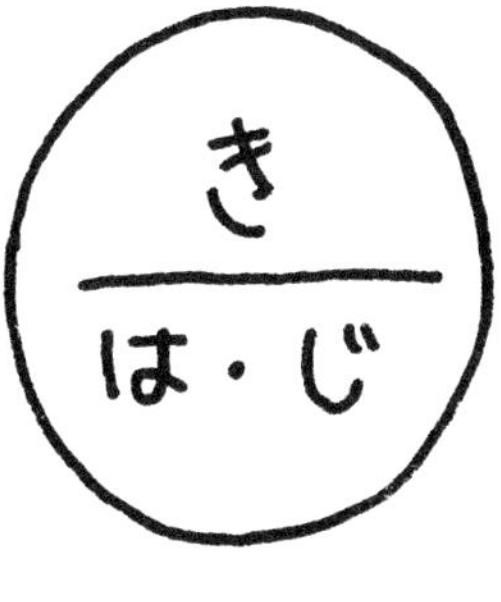

算数の授業が始まると、「はい、ノートの端に『おはじき』を書きましょう」と促し、私も黒板の端に「おはじき」を書きます。問題を解く度に黒板の端の「おはじき」を利用しながら説明します。さらに、テストの時も、テスト用紙を配付するやいなや「はい、テストの端に『おはじき』を書きま

しょう」と呼びかけます。このように、「できる」方法を徹底するのです。

また、例えば5年の理科では「酸・アルカリ」を学習します。青いリトマス紙が赤色に変われば、酸性です。一方、赤いリトマス紙が青に変わると、これはアルカリ性です。実験をすれば、子どもたちは「わかる」のです。しかし、テストをしてみると、「酸性は赤から青だっけ、青から赤だっけ？」と迷います。実験ではわかっていても、テストではできないということがよくあります。私は、リトマス紙の実験をした後、子どもたちに次のように言います。「梅干しを思い出してごらん。梅干しは酸っぱいから酸性。梅の実は、初めは青く、それから赤くなるでしょう。だから、酸性は青から赤と覚えます」という具合です。これなら子どもたちはテストでも迷いません。このように、「できる」方法を教えるのです。


もちろん、このような覚え方は年号の語呂合わせと同様で、本質的な理解とは言えません。しかし、技能を身に付ける上では、「わかる」よりも「できる」が有効に働きます。

この他の学習でも、「わかる」指導よりも「できる」指導が有効な場合はあるでしょう。誤解のないようにしたいのは、「わかる」ための指導をおろそかにするわけでは決してないということです。本質的な概念理解のためには、「わかる」ための指導がやはり必要になるでしょう。しかしながら、時間をかけた結果、「わからない」の袋小路に入ってしまうよりは、「できる」経験の積み重ねによって、結果的に「わかる」に近付く方がよいのではないかと思います。

(2) あえて失敗を見せる

教師には、子どもたちに説明をする機会がたくさんあります。「はい、○○するとこうなります。そして、次はこのようにします」と順序立てて説明し、子どもたちが失敗することのないように気を配ります。ところが、子どもが話を聞いていなかったり、間違ったりすることもあります。「そんなことは言わなかったでしょう。どうしてこうなるの?」と叱ってはいませんか?

私は、型通りの説明をした後に、子どもがよくやりそうな失敗をあえてやってみせるようにしています。

「今日は紙コップを使った工作をしましょう。まず、紙コップの縁に少し切り込みを入れます。難しいので、よく見ていてくださいね。次に……。そして。……となります」

とひと通り方法を説明します。その後、

「でもね、時々こんな子がいます。さっき、一番難しいといった紙コップの縁の切り込み、もう一度やってみますね。縁の部分が硬いから、ハサミに力を入れると、その勢いで切りすぎてしまうのです」と言いながら、ハサミに力を入れてわざと大きく切ります。

「ジョキン」「あっ！」子どもたちは笑いました。

「みんな笑ってるね。でも、この中にもこうしてしまう子がいるはずだよ。こんなに切りすぎてしまったら、どうしたらよいでしょうか？」

子どもたちは次々に意見を出します。

「テープで切りすぎたところを貼る」

「先生に言って、新しいのをもらう」

「なるほど、そうだね。切りすぎた時はそうすればいいでしょう」

と言っておけば、子どもたちが失敗を過度に怖がることもありません。

私は、体育の鉄棒やマット運動などでも、同じような指導をします。まず、正しい方法や成功例を見せます。そして、その後に失敗例を見せるのです。失敗例を見せることで、逆に成功がどういうものなのかがよく分かります。また、あらかじめ失敗を見ているから、安心して作業や運動に取り組めるのです。ただし、ある程度の経験がないと、子どもがやりそうな失敗というものが分からないでしょう。常に子どもたちをよく見ていることが大切です。

(3) できるだけ早くパターン化する

教師によって、指導方法にもパターンがあります。ドリルの答え合わせ、テストの丸付け、漢字練習、習字の準備、原稿用紙の使い方など。それらのパターンは、できるだけ早く子どもたちにも共通理解を図ります。

例えば、原稿用紙の使い方では、「題は上から3マス空けて書く。1行空けて名前を書く。名前の下は1マス空ける」というように決めておきます。もし、原稿用紙を印刷するなら、そのマスに小さな「・」を打つとよいでしょう。すると、子どもたちはいちいち確認せずに取り組めます。

また、作文の添削方法も記号を決めておきます。例えば、赤ペンで「┌」は改行の印、「、」は読点を入れる、「。」は句点を入れる、「□」（四角で囲む）は漢字に直す、

「〰〰」（波線）は、意味が分からないから書き直す、というような具合です。

このようなパターン化を早く済ませておくと、「次は何をしなさい」と言わなくても、子どもたちは学習を進めていきます。

私は、作文の時間には、「分からない漢字は先生に聞きなさい」と言っています。その方が作文の添削に時間を取られないからです。

（詳しくは拙著『追い込む指導』の「4　理想ばかりを追い求めない」参照。）

ある日、「今朝は臨時の職員打ち合わせをします。8時になったら職員室に集まってください」と校内放送がありました。教室にいた私は、日直や学習係に「先生が遅れたら、宿題の答え合わせをしていてほしい」と言っておきました。

案の定、打ち合わせは長引き、急いで教室に向かいました。途中、担任が来ないので騒いでいるクラスがありましたが、私のクラスはきちんと本読みをしていました。学習係が前に立っています。

日直から、「宿題の答え合わせは終わったけど、時間があったので、学習係さんにお願いして本読みをしてもらった」という報告がありました。学習係も、「先生のいつもの方法だから、私たちで練習していたよ」と言ってくれました。もちろん大いに褒めたことは言うまでもありません。これからもこんなことがあったら同じようにしてほしいと言いました。「いつもの方法」が子どもたちに浸透していたおかげで、たとえ担任がいない場面でも自主的に動くことができるのです。

(4) 授業の準備と片付けは子どもの仕事

理科の実験、図工の版画印刷、体育の跳び箱の準備など、休み時間に誰かが準備してくれていればいいのにと思うことはよくあります。授業開始のチャイムが鳴れば、すぐさま活動を始める、それができれば学習効率はぐんと上がるでしょう。残念ながら、学校の実情では、それは理想にすぎません。

私は、「準備片付けは子どもの仕事」と考えています。理科では、薬品や危険なものは教師が準備しますが、それ以外は子どもに用意させます。そのためには、子どもたちが理科室や準備室のどこに何がおいてあるかを知らなくてはなりません。4月中に「理科室オリエンテーション」を行い、子どもたちが楽しみながら器具の場所を覚えることができるようにします。（詳しくは、拙著『簡単！時短！理科授業の効率アップ術』参照）

私が勤務した学校には、ベテランの図工の先生がいました。一度、版画を印刷する場面の授業を見せてもらったことがあります。

授業開始のチャイムが鳴りました。先生は、黒板の前で版画の印刷の仕方を説明しました。その後、図工室の一番前にある大きな机の天板を新聞紙で包んで、ずれないように所々ガムテープで止める方法を子どもたちに見せて、「同じようにやりなさい」と指示しました。机を汚さないためです。この時、新聞紙とガムテープは、先生が用意しました。子どもたちは面白がって、先生と同じようにやっていました。

その後、版画の印刷に取りかかりました。1回目の印刷を見て、気になったところを彫り直して修正、さらに2回目の印刷に取りかかります。2時間続きの授業でしたが、その途中でチャイムが鳴りました。残念ながら、全ての子どもが2回目の印刷を終えることはできませんでした。

放課後の反省会で、授業についていろいろと意見が出た後で、先生は「本来ならば、机の上に被せた新聞紙を全て剥がして、片付けが終わったところでチャイムが鳴ったら理想的でした。準備、片付けも学習です。初めから休み時間を片付けの時間としてあてにしてはいけません」と話されました。

準備と片付けも含めて、授業なのです。どうしても教師の事前準備が必要なもの以外は、子ども自身が準備と片付けをすべきだと考えます。

④ 学級経営を効率化する

(1) 宿題の丸付けは子ども自身で

朝、教室に入ってきた子どもたちは、教卓に宿題を出します。係の子どもが、宿題が提出されているかどうかのチェックをします。そして、教師は休み時間に宿題の丸付けをします。

これは、よく見る光景ですが、私の教室では見られません。なぜなら、漢字練習を除いて、私は宿題の丸付けはしないからです。宿題の丸付けをするのは、子ども自身です。

私は、ほとんど毎日、算数と国語の宿題を出します。国語は漢字練習が多いので、私がチェックをしますが、算数の場合は次のように進めます。

「宿題の答え合わせをします。忘れて来た人はいませんか？」

宿題を忘れた子どもの名前カードを、黒板の上の端の方に貼ります。帰るまでにやり終えないと、カードは貼られたままになるので、ひと目で状況が確認できます。

子どもたちを順番に当てていくか、あるいは教師が答えを言いながら子どもたちに丸付けをさせます。最後まで答え合わせが終わったら、一人一人の机を回りながら、適当に丸付けをしていないかのチェックをしていきます。また、この時にノートの使い方が気になる子どもは指導します。算数の宿題では、一つだけ条件があります。それは、計算過程も必ず書くという決まりです。例えば、

3＋5×6＝33　ではなく、3＋5×6＝3＋30＝33

というように、中間の式も書きます。そうしないと、電卓で宿題をすませることができるからです。最近、ＡＩスピーカーのある家庭では、保護者が気付かないうちに、子どもがスピーカーに向かって「3＋5×6はいくつ？」などと聞いて、宿題を済ませる子どもが

いると聞きました。時代は変わっていくものです。

算数では、ドリルの数ページ分を授業中に進めることがよくあります。

計算をする際に答えを書き写すことのないよう、ドリルに付属している答えの冊子は、新学期に外して集めておきます。ドリルの○番から○番までやるという場合、教室後方のロッカーの上か、給食の配膳台の上、もしくは廊下にある台の上など、子どもたちの机から少し離れたところに、答えを複数枚、距離を少し空けて置きます。

ドリルの最初のページができた子どもは、赤鉛筆を持って答え合わせをしに行きます。この時に、正解だけに丸を付けて、間違った答えにバツはつけません。全て正解の子どもは、教師が点検して、合格の印かハンコを押して返します。そして、次のページに進みます。一方、全て正解でなかった子どもは、自分の机に戻り、間違ったところを直します。再度答え合わせをして、正解ならば青丸を付けます。青鉛筆は、教師が用意しておく方がよいでしょう。これを繰り返して、全問正解したら、次のページに進みます。

この時に気を配りたいのは、なかなか全問正解しない子どもです。様子を見ていて、必要に応じて助け舟を出します。もしくは、３回目でも全問正解しなければ、その時点で教師に見せにくるとしてもよいでしょう。

私は、教師が全て丸付けをして返すよりも、子ども自身が丸付けをした方がよいと思っています。答えが間違っていた時に、すぐ「あれっ？」と気付くことができます。この瞬間が大切なのです。その時にこそ、「なぜ違ったのだろう」とか「答えはどうして15なのだろう」と思考を深められるからです。


この他にも、子ども自身に任せられることはたくさんあります。宿題の提出・未提出のチェック、予定ノートを書いたかどうかのチェックなど。特に、子どもたちは「できました」のハンコを押すことをとても喜びます。

教室後方の習字や絵の掲示なども、子どもたちが自分でできることがあります。全てを教師一人でやろうとせずに、できるだけ子どもの力を借りましょう。子どもたちは、お手伝いを喜んでするものです。先生に頼りにされているということが、子どもたちの積極性や主体性を引き出していくのです。

ただし、子どものすることなので、完璧でないのは当然です。少しくらい歪んでいても「ありがとう、助かったよ！」と褒めて、後でこっそり直しましょう。

ある教師は、困った時に「お手伝い係」の子どもに頼むそうです。固定の係としてもよいし、必要に応じて「お手伝い係さん集合！」と募ってもよいと思います。

(2) テストやノートの点検はスムーズに

① テストの採点

些細なことですが、まず少しテスト用紙全体を斜めにして、めくりやすいようにします。採点の仕方には、バツだけで丸を付けないという方法もあるようですが、私は、子どもが喜ぶので丸を付けています。

また、算数のように答えが決まっているものは、模範解答を見て丸付けをしますが、国語、社会、理科では、模範解答を見ないで丸付けをすることが多いです。模範解答を見てから丸付けをすると、その解答にこだわってしまうからです。子どもの解答は様々なので、つい迷って手が止まってしまいます。しかし、模範解答を見ないで、子どもの解答を見ていると、それほど迷いは生じません。私の正解範囲はかなり広いですが、小学生だからそれでよいと思っています。

② ノートの点検

4月の間は、授業が終わると、毎時間ノートを提出させるようにします。もちろん、しっかり見るわけではありません。授業の終わる5分くらい前になると、「ノートを持って来なさい」と言って、きちんと書いているかを確認するだけです。さっと見て、ハンコを押すか、赤ペンで日付を書くだけなので、時間はかかりません。見てもらった子どもは自分でノートを持って帰るので、ノートを集める時間や手間もかかりません。

いちいち確認するのは面倒と思うかもしれませんが、それが全体としては楽になるのです。4月にしっかり見ると、子どもたちは「今度の先生は厳しいぞ」と感じ、しっかり書くようになります。4月以降は、毎時間は見ず、週に1回見るくらいです。それでも、一年間きちんと書くようになります。

「4月は忙しい時期なのになぜ?」と思われるかもしれませんが、この時期にしっかりと指導しておくと、後が楽なのです。一年間を通して考えれば、決して無駄にはならない手間だと言えるでしょう。

③ 提出物は名簿順に

テストやノート、プリント類など、子どもたちが教師に提出しなければならないものは、結構多いものです。時には、「できた人から提出しなさい」と言うこともありますが、私は、基本的には名簿順に提出させます。その方が、成績を記載する時に便利なのです。わずかなことですが、後から教師が名簿順に並び替える時間は、一年通すと結構な時間になります。また、4月に初めて行う時は、子どもたちが全員提出し終わるまで黙って見ています。それは、裏表や上下の向きを気にしないで提出する子どもが必ずいるからです。子どもたちが提出し終わった後、「ちょっと確認します」と言って、逆向きに提出した子どもを呼び出し、次からは気を付けるように指導します。ところが、中には、初めてにもかかわらず、全員きちんと同じ方向に提出できるクラスもあります。その時は大いに褒めます。

(3) トラブル防止に予備を用意

私は、プリントを配る時など、必ず予備を用意するようにしています。1クラスで5枚くらいは余分に印刷します。すると、ミスプリントがあっても慌ててコピーをとらなければばならないことはないし、子どもが「宿題を忘れて来ました」と言っても「はい」とすぐに渡すことができます。

また、特に理科の時などは、実験装置も予備に1セット用意します。予備の分は教卓の上に置いて、子どもたちに実験装置の使い方や実験の説明をする時に使用します。そして、子どもが実験装置のガラス部品を割ってしまったり、装置が急に調子が悪くなったりした時に、「はい」とすぐに渡します。これで、授業の流れを止めずに済むのです。

(4) 子どもの興味を逆手にとる

子どもたちに何かを配付する際、よく配り終えてから説明を始める先生がいますが、私はそんなことはしません。先に配付してしまうと、子どもたちの興味は配付物に集中してしまい、まじまじ見たり、触ったりして、教師の話など頭に入りません。そんな状況で「触ってはいけません。先生の話を聞きなさい」と注意したところで、後の祭りです。

私は、子どもたちにこれから配付するものを見せながら、説明をするようにします。子どもたちは、「何かな？」と興味津々でこちらを見ています。そして、説明が終わってから配付します。その後で見たり触ったりしても、説明は済んでいるので問題ないのです。

(4) クラス全体を考えて

私が4年生を担任していた時に、授業中に絶えず消しゴムを触っている子どもがいました。見つけるたびに注意して止めさせたり、それでも止めない時は消しゴムを取り上げたりしていました。その子は、消しゴムを取り上げられると、代わりのものを探し、筆箱を触ってカタカタと音を立てたり、鉛筆を筆箱にぶつけてコンコンと音を立てたりしました。すると、私はまた、それを注意したり、違うものを取り上げたりして、授業が中断するという悪循環に陥りました。

臨床心理士の学校訪問があり、私はその子どもの様子を告げ、どうしたらよいか相談しました。すると、次のように教えてもらいました。

「その子は、消しゴムを触ることで落ち着くのです。先生は、その子がしっかり勉強するようにと、消しゴムを取り上げるのですが、そうするとその子は不安になってしまいます。そのやりとりで、教室全体が落ち着かない雰囲気になりますよね。クラス全体の学習量も減ります。その子が消しゴムを触ることを黙認するとします。すると、教室は落ち着いて学習が進みますよね。教室全体を考えてみましょう。どちらの方がクラス全体の学習が進みますか」

私はそれ以来、その子が消しゴムを触っていても黙認することにしました。もちろん、あまりにも消しゴムが気になっていて学習が疎かになっている時や作業に取りかかれない時は注意しました。また、学習がしっかりできていないと感じた時は、放課後残して個別に補習をすることもありました。黙認するようになってから、教室は落ち着きを取り戻し、静かに学習が進むようになったのです。

このことを知らない人が、私の教室の授業風景を見たら、消しゴムを触って授業に集中していない子どもがいるのに、教師が無視していると感じることでしょう。しかし、クラス全体を考えた時に、授業効率が上がる方法を選択する責任が教師にはあります。私はそれ以来、その子1人に関わってクラス全体の授業効率が落ちそうな時は、違う方法を考えるようにしています。

(3) 管理職を大いに利用する

どれだけ元気な子どもでも、管理職（校長、教頭）には一目置いているものです。それを活用しない手はありません。

ある時、学校に侵入する不審者対策で、全クラスにインターホンが設置されることになりました。受話器を持ち上げるだけで、職員室のインターホンの親機にクラスが表示され、親機の受話器を持ち上げると教室と職員室とで通話ができます。それはそれで便利なのですが、休み時間の担任がいない時に、面白半分で受話器を持ち上げる子どもが現れました。職員室にランプが点くので、その都度対応しなければなりません。しかし、いたずらだと分かっても、誰がしたのかまでは分かりません。私は、元気な子どもたちを担任することが多かったので、「絶対にいたずらするぞ」と予見できました。さあ、どうしようかと思案して、設置が終わった次の日の朝に教頭先生に次のようにお願いしました。

「これから、このインターホンについて子どもたちに説明します。少し受話器を持ち上げますから、教頭先生は、私のクラスに走ってきて『何があったのか！』と大きな声で言ってください。そして、私が『すみません、間違いです』と言いますから、私を叱って帰ってもらえませんか」。その後、教頭先生に理由を説明すると、笑って了承してくれました。

教室に行くと、子どもたちは「先生、あれ何？」とインターホンに興味津々です。昨日まで教室になかったものが付いているのです。気になって仕方がないのは当然でしょう。朝の会で、インターホンは不審者対策であること、先生が使用すること、子どもは触ってはいけないことを説明しました。そして、「変な人が入って来たら大変でしょう。だから、この受話器を少し持ち上げるだけで、職員室には連絡が行くようになっている」と言って、少し受話器を持ち上げて置きました。しばらくすると廊下をバタバタと走ってくる音が聞こえてきました。そして、「ガラッ」と教室の戸が勢いよく開いて、教頭先生が叫びました。

「何や！　何があったんや！　6－1のランプが点いたぞ！」

「あっ！　すみません。子どもたちに使い方を説明していたので、動かしてしまったようです」と謝ります。教頭先生は、

「なんや、間違いか。不審者じゃないんだな。それならよかった。でも気を付けて使ってもらわないと困りますよ」

と言って、出て行きました。子どもたちも突然の出来事に驚いていましたが、「ほら、こうなるだろう。教頭先生に叱られてしまった」と私が苦笑いすると、子どもたちもどっと笑いました。その一年間、私のクラスでは、インターホンのいたずらは一件もありませんでした。

ある年の春休みに、校長先生から「来年は6年生を担任してほしい」と言われました。その学校は、全学年が3クラスあり、当時、その地区では大きな学校でした。5年生は元気な子どもたちで、担任が手こずっているのが、よく分かりました。このまま6年生に上がると、指導にちょっと苦労しそうなことは容易に予想できます。校長先生は、それを感じたのでしょうか、残りの2クラスの担任は、私よりベテランで指導力のある先生でした。

春休みに新6年生の担任3人が集まり、1年間の指導方針について話し合いました。そこで、「初めから厳しくしっかりと指導していくこと、3クラスで同じ指導をしてくこと、元気な子どもたちには、力を発揮できる場を保障していくこと」という方針を立てました。

まずは始業式です。その日の朝、事前に校長先生に、次のようなお願いをしました。

「6年生は他の学年よりも早く体育館に入れます。しっかりと整列させるので、どうか褒めてください」

そして、6年生の3クラスの子どもたちを体育館に入れました。タラタラと動く子どもたちを叱咤し、時には褒めながら、何とかきれいに整列させて、他の学年を待ちました。全校揃って校長先生の挨拶という瞬間、開口一番に、

「おや、6年生の姿勢は素晴らしいですよ。他の学年は6年生を見なさい。さすが最高学年だ。6年生がしっかりしていると、よい学校になります。校長先生は楽しみです」

とこれ以上ない賛辞をくれたのです。面白いもので、それまで不満そうにしていた6年生ですが、校長先生に褒められ、他の学年からの視線を感じると、自然とよい姿勢になっていました。

⑤ 生活指導を効率化する

(1) 被害者には先手必勝、加害者には本人の口から

子どもたち同士でトラブルがあった時には、担任は保護者に電話などでできるだけ詳しく状況を伝えようとします。私は、そのような時に、子どもが被害者である場合と、加害者である場合とで対応を変えています。

例えば、体育の後、A君がB君をからかって口喧嘩になり、B君がA君を殴ってしまったとします。2人の日頃の行動から、次のことが考えられます。

A君：自分がからかったことは、親には言わず殴られたことだけを言う。

B君：親には何も言わない。言っても、先にA君がからかってきたことを主張する。

被害者となったA君にも、そのきっかけをつくったという非はありますが、やはり手を出したB君の罪が重いと言わざるを得ません。

私はこのような時には、被害者であるA君が保護者に「殴られた」と話す前に、こちらから保護者に状況を伝えるようにします。第一に入った情報が基準となるので、できる限り正確に伝えることが大切です。

A君は家に帰ると、殴られたことを主張するでしょう。その後、担任が電話して、実はA君がからかってきっかけをつくったのだと伝えても、保護者の頭の中には「うちの子は被害者」という意識が抜けません。

保護者に伝える際に私が気を付けているのは、「からかった」などという曖昧な言葉を使うのではなく、本人が使った言葉をそのまま伝えることです。子どもが「からかったつもりはない」と主張すれば、おしまいになるからです。保護者には、次のように伝えます。

「体育が終わった後、教室に帰る途中でA君がB君に『跳び箱を跳ぶ姿、変なの』と言いました。それを聞いたB君が『変とはなんだ』と言い返しました。その後、やりとりがあり、B君がA君を殴ってしまいました。私の目が届かず、申し訳ございません」

A君よりも先に、保護者に伝えておくことです。すると、保護者はA君が被害者であっても、「先にきっかけをつくったのは、うちの子だ」ということを理解できます。B君の保護者が謝罪の電話をした場合も、「うちの子も、うちの子なので」と、話し合いがスムーズに進むことが多いです。

一方、加害者のB君にはこのように言います。

「いくらA君の言葉に腹が立ったとしても、君の行為は許されるものではないよ。今夜、お家に8時には電話をします。君が悪いと思うのなら、先生が電話するまでに家の人に自分から言いなさい。正直に言う方が家の人も理解してくれると思うし、先生も『正直に言ったことを褒めてあげてください』と助け船を出すから」

私の経験から、この場合の展開は次の三つに分かれます。1つは、B君が帰宅するやいなやすぐに保護者から電話がかかってきます。「先生、申し訳ありません。相手の家にはどうやって謝りましょう」。この場合は話が早いです。2つめは、8時にこちらから電話をして「何か聞いていませんか?」と尋ねると、「何ですか? 何も聞いていません」と返ってくる場合です。「8時に電話すると伝えていたので、B君にちょっと聞いてみてください」と一旦切ります。すると、「今聞きました。申し訳ありません。きつく叱りました」いう返事があります。一番やっかいな3つめは、こ

の段階でも「なにかぐちゃぐちゃ言うだけで、要領を得ないのですが……」という場合です。こうなったら仕方がないので、こちらから説明します。

私がなぜこのようなまわりくどい方法をとるかと言うと、親というのは、恐る恐る自分の子どもが話し出したら、その時点で「あっ！　うちの子が何かしでかしたな」とか「何か叱られるようなことをしたな」という覚悟ができるものなのです。

子どもが何も言わないままの状況で、「お宅の子が他の子を殴った」と言われても、にわかには信じられません。また、子どもも親の勢いに尻込みして思わず嘘をついてしまう可能性があります。親は自分の子どもが一番可愛いので、「先生の情報に間違いがあるのではないか」と疑念を抱くことになるのです。そうなると、解決までに時間がかかってしまいます。（詳しくは拙著『指示は1回─聞く力を育てるシンプルな方法─』参照。）

(2)　校内に教師の死角をなくす

校内には、前を通っただけでは内部の様子がよく見えないような場所がたくさんあります。普段は扉に鍵がかかっていたり、「子どもは入ってはいけません」という看板がかかっていたりするならまだよいのですが、そうではなくて、子どもが自由に入れるようなところもあります。それらを、「教師の死角」と名付けることにします。学校の構造上、仕方のないこともありますが、学校にはそのような場所ができるだけない方がよいでしょう。

子どもたちが特定の子どもを呼び出したり、よからぬ相談をしたりするのは、決まってそういう場所です。教師の目がいつも届くということが子どもたちに分かっていれば、事件を防ぐことができます。

教師の死角には、具体的にどのような場所があるでしょうか。学校には、最上階から屋上まで続く階段があります。ほとんどの人は、この階段を使用しないので、この場所が教師の死角となりえます。高学年の教室は大体が最上階にあるので、担任を受け持った時には、この階段は要注意です。私は、時々この場所を確かめに行きます。大抵は埃だらけで、あまり人気《ひとけ》もありません。ところが、雨の日の昼休みに見に行ってみたら、学校には持ってきてはいけないカードやゲームで遊んでいた子どもたちを見つけたことがありました。子どもたちは、私を見て大変驚いた様子でした。まさか先生が来るとは思っていなかったのでしょう。また、お菓子の箱を見つけたこともあります。誰かが内緒で食べていたのでしょう。早速、集会でその箱を子どもたちに見せて、話をしました。それ以降、子どもがそこに立ち入った気配はありませんでした。

私は、管理職時代にはなるべく「教師の死角はないか」という目で校舎を見回っていました。ある学校に赴任した時、体育館入口の扉が一日中開いていることに気が付きました。しかし、本校舎からは少し離れているため、体育館の中の様子は、本校舎からは見えません。体育館の出入り口の鍵は、朝、体育委員会が開けることになっていて、その後は、放課後まで開放されています。教頭であった私は、教師の死角をなくすという方針から、鍵は体育館を使用するクラスが開け閉めしてほしいと提案しました。ところが、「体育委員会の仕事がなくなる」「この学校の子どもたちはおとなしい」「体育の時に、いちいち鍵を開けるのは不便だから」という理由で反対されました。校長も特に何も言わなかったので、従来通りになりました。しかし、この学校では何か起きたら大慌てで鍵をかけることになるでしょう。何か起きてからでは遅いのです。

教師の死角をなくすためには、まず鍵をかけて子どもたちが自由に入れないようにすることです。しかし、階段の最上階から屋上への階段のように、鍵がかけられないところもあります。そのような場所には、コーンなどの遮蔽物を置いて、「子どもは入ってはいけません」と紙に大きく書いて貼り出しておきましょう。それでも入っていく子どももいますが、何もないのと張り紙があるのとでは、見つかった時の子どもたちの態度が違います。

(3) 指導方針は学級通信で宣言

ひと昔前なら、「先生の話をきちんと聞くのよ」と、ほとんどの保護者は学校や教師の味方でしたが、現在はそうとは言い切れません。保護者の理解を得られるように、教師が積極的に働きかけていくことが必要です。

新学期が始まると、「今度の先生はどんな人かな」と親子で不安を抱くことでしょう。そこで私は、学級通信を利用していました。

例えば、次のような文面を載せたことがあります。

・話は1回しかしないと、今日、子どもたちに宣言しました。きちんと話を聞く習慣を、子どもたちに身に付けてもらうためです。しかし、話を聞いていない子どもを放っておくわけではありません(後略)私は、話を聞いていない子どもをその場で立たせることがあります。しかし、少しの時間で苦痛を与えるほどではありませんから、ご安心ください。

・今日、子どもたちに「宿題は、学校に持って来て提出した時点で提出済みと認めます。

宿題はしたけど持ってくるのを忘れたというのは宿題忘れになります」と言いました。宿題を家でしたかどうか、私には確認ができません。また、社会に出てもそういう言い訳は通じないからです。

・今日の保護者会で「宿題が少ないから、もっと出してほしいとおっしゃる保護者の方がいました。クラスの中には、学習の得意な子どもも不得意な子どももいます。どの子どもにも抵抗のない量を考えているので、当分、この量で続けたいと考えています。ところで、宿題はなぜ出すのでしょうか。学力向上でしょうか？　残念ながら、私は、宿題だけで学力向上は難しいと思っています。宿題の一番の目的は「毎日きちんと机に向かって、一定時間学習する習慣を付ける」ことです。この習慣が付けば、量や時間を増やすのは難しくありません。ですから、量が少ないと思われるご家庭では、それぞれ足してみてください。

・特別に準備で必要なものは、1週間くらい前にこの通信でお知らせします。時には私が連絡を忘れ、急に「明日、○○がいる」ということもあるかもしれません。その時は、準備できなくても忘れ物にはしません。ご用意いただけるご家庭だけで結構です。私もできるだけ数を用意するようにします」

このように連絡しておいたので、実際に助かったことがありました。保護者会で、あるお母さんから、

「先生、準備するものの連絡は、もっと早くできませんか？　いつも子どもから急に言われて困ります」

と言われた時に、他のお母さんが、

「あれ、先生は、いつも一週間くらい前には、通信に載せてくれているよ」

と助け船を出してくれたのです。それを聞いて、

「あれっ！　そうなの？　うちの子どもは、通信も出さないのですね。よくわかりました」

と恐縮していました。

④ 校務処理を効率化する

(1) 校務処理には軽重をつけて

やるべきことは毎日かかえきれないほどありますが、校務処理を後回しにしたら、あとで苦しむのは自分です。教師には、授業以外にたくさんの校務がありますが、全てを同じように扱っていては、とても片付きません。私は、次のように分類しながら管理していきます。

① 書類を管理・収納する

まず、割り当てられた仕事の書類の右上に締切日を記入します。付箋に記入するのもよいでしょう。そして、日付が見えるように重ねていきます。これらの書類は机上の右か左の目が届くところにおきます。そして、未決の仕事は決して机の中には入れません。その仕事が済んだら、机の中に入れます。視界から消えてしまうと、仕事があることを忘れてしまうからです。もし、帰宅時に机上に物が置いてあるのが禁止されている学校ならば、これらの書類を薄い箱などに入れて、箱ごと引き出しに入れるようにするとよいでしょう。朝、箱を出して、帰る時にしまうのです。引き出しの中も、右は子どものこと、左は学校に関することなどと、ジャンルを分けておくと管理しやすいです。

教師の仕事は、教材（指導書など）、担任（テストなど）、校務担当（体育関係など）、事務などもあり、多岐にわたります。私が今まで務めた学校で、残念ながら収納場所が十分にあったところは、記憶にありません。そこで、私は「机の下収納家具」を活用していました。学校に備え付けがなければ、個人で購入していました。ここには、めったに使わないものを入れます。収納場所を確保するのは、効率的な仕事の第一歩です。これ以外にも、収納できる場所を割り当ててもらったら、その中に自費で棚を増やしていました。人によっては、何もかも1つの棚の中に積み上げている人もいましたが、それでは効率悪いこと、この上なしです。

② 内容を3つに仕分ける

仕事の内容も、次の3つに分けて管理します。

1．すぐやる仕事（名前や住所など必要事項を記入するだけなど）

2．ちょっと時間がかかる仕事（次の運動会の提案をしなければならない、住民票を取りに行かなければならないなど）

3．十分考えなくてはならない仕事（今年の学校研究の指針を作成しなければならないなど）

そして、1の仕事は、少しくらい字が雑（読めない字は迷惑をかけるからダメ）でも、直ちに処理するように心がけます。2と3の仕事は心の中に留めておいて、列車の運行のように処理します。

それはすなわち、こういうことです。列車には、大きく各駅停車、急行列車、特急列車があります。今進めている仕事を各駅停車とします。そこへ急ぎの仕事が入ってきました。それは、急行列車です。各駅停車の仕事は近くの駅に留めておいて、急行を進めます。さらに、緊急を要する仕事が入ってきました。これは特急列車です。頭の中には、いつも各駅停車、急行列車、特急列車が走っていて、それぞれを意識しながら同時に進めるようにするのです。しかし、中には、仕事を一つ一つしか進めることができない人もいるようです。後ろから急行列車、特急列車が来ているのに、前に各駅停車がいるので一向に進めないのです。これでは、仕事がたまっていく一方でしょう。

(2) ICTの活用

最近では、市販テストを購入すると、成績処理ソフトが添付されています。これは、成績処理の効率化に大変役立ちます。むしろこれを利用しない手はないくらいです。テストの採点が済んだら、すぐに入力しておけば、学期終わりに、手間のかかる成績処理に時間をとられることはありません。この他にもコンピュータなどの活用ができるできないでは、効率化に大きな違いがあります。私は、前述の成績処理ソフトが添付される前から、Excelを利用してテストの成績処理を行っていましたから、学期終わりには、他の人より幾分余裕がありました。このテストの点を入力する時にお勧めなのが、テンキーボードです。デスクトップのパソコンのキーボードの横に1から0までの数字入力できる場所がありますが、小さいパソコンやノート型パソコンには、このテンキーボードがない機種があります。数字は、上の方に横に並んでいるだけです。これがあるのとないのとでは、点数の入力のしやすさ、速さが違います。テンキーボードは別売していますが、高いものではないので購入することをお勧めします。

また、学校の校務文書は新しく作成することは少なく、以前の文書の日付を変えたり、担当者名を変えたり、せいぜい様式を部分的に直す程度のことが多いと思います。この時でも、Word や Excel のショートカットキーなどの機能を使える人は、仕事が早く済むでしょう。

年間指導計画や指導案を作成する時には、まずインターネットで検索してみるのも手です。もちろんそのまま使用するわけではありませんが、見本やフォーマットがあるのとないのとでは、仕事の進み具合がまったく違います。ほかの学校の例を見ていると、「なるほど」と関心したり、「ここは変えよう」と思ったりするところが必ずあって、とても参考になるのです。

(3) 指導要録を記入するときのコツ

学年末になると、指導要録記入という大きな仕事があります。学年末になると時間をかけて書かなければなりません。ところが、新しい学年を4月に担任した時、名前の読み方や住所等の情報を見ることはあっても、学習や行動などの情報を参考にすることは少ないものです。

情報公開制度ができてから、いくつか指導要録の公開請求がありました。そして、その内容によって裁判になったことから、昨今では「その子の悪いことは書かない」という風潮があります。本来ならば「乱暴だ」と書きたくても「元気がよい」と書き変えます。記入が簡単になるというわけではありませんが、私のしているコツをお教えしましょう。

まず、2月に入ったら、文章で記入しなければならないところの下書きを開始します。指導要録の書式は、各市町村の教育委員会が決めることになっているので、市町村ごとで違いますが、ほとんどの教育委員会は文科省の出している雛形を見本にしています。学習欄、行動欄、総合的な学習…といくつかの欄があります。

私は、下書き用の形式を印刷しておいて、1日〇人と決めてメモ程度の書き方でよいので、子どもたちの帰った後の教室で書くようにしています。書くまでは職員室に行かないという覚悟を決めて取り組みます。一度職員室に降りてくると、他の仕事で忙殺されるからです。メモは、紙に書いても、パソコンに作ったファイルに直接打ち込んでも、どちらでも構いません。

6年生の時は少し違います。6年生を担任していると、指導要録の記入で困ることが2つあります。1つは、指導要録のコピーを中学校に送らなければならないので、他の学年より締切が早いことです。もう1つは、使用したい言葉が他の学年ですでに使用されていることが多いことです。「この子は、何にでも真面目で熱心に取り組む」と書きたいと思っても「あっ、4年生で書かれている」とか「行動は素早いが、少し落ち着きがほしい」と書こうと思ったら、3年生でもうすでに書いてあるというような具合です。

人間の性格など、そう簡単には変わりません。小学校6年間でもさほど激しく変わることはないのです。そこで、6年生の指導要録の書き方は、次のようにしています。

1. 1年生から5年生の記入を読み、ざっとまとめる。

2. その子の印象で、自分が使用したい言葉が書かれてなければ、それを中心にして記入する。

3. その子の印象で、自分が使用したい言葉が全て使われている場合は、同じ意味で違う言葉に変えて記入する。

小学校の指導要録のコピーは中学校に送られますが、どの中学校の教師に聞いても「まず見ない。先入観を防ぐためでもあるが、あまり参考にならないから」と言われました。

「あれだけ時間をかけて書いたのに」とがっかりした覚えがあります。

(4) 会議を短時間で終わらせるために

① 会議前に調整を終えていること

運動会についての会議を控えていた時、担当者名の空欄が多かったので、責任者に確認をしました。すると、「時間がなくて決められなかったので、職員会議で決めてほしい」と言われたので、「事前調整で担当者名まで決めるのが、あなたの仕事です」と、差し戻した経験があります。会議前に調整を済ませておかないと、会議に多くの時間が取られることになるのは目に見えています。

また、1学年に何クラスもある大きな学校にいた頃の話です。ある日の会議で、6年生の卒業式の担当から提案がありました。ところが、その中の1つに対して、同じ6年生の担任が反対を唱えたので、呆れたことがあります。同じ6年生の担任同士で確認した上で、会議に提案するのが当然ではないでしょうか。

② 会議前に内容を熟知しておくこと

職員会議等の大きな会議の場合、遅くとも会議の3日前には、会議内容を連絡します。

メールで流したり、印刷して配付したり、回覧したり、方法は様々です。大きな学校なら、「学年会で相談しておいてほしい」と通知します。全員が事前に見てあるのが前提ですから、おかしな意見は出ません。

③ 無言は了承したということ

意見がない場合、「黙っているのは了承と判断します」と言って、次々と進めていきます。沈黙が続くのは、時間の無駄だからです。

(5) 固定観念を破る

ある学校で、環境衛生の校務担当になったことがありました。要するに、掃除場所の割当てや掃除道具の購入・補充の仕事です。

この担当をしている時、私は2つの改革を行いました。1つは、全員で掃除の見守りをするということです。それまでは、担任の教師は、子どもたちの指導で掃除を見にいきますが、専科などの教師は、掃除の担当場所がありませんでした。私は、「人手が足りないから、専科などの担任していない教師も掃除の見守りをしてほしい」と言って、目の届きにくい校舎の端の教室、体育館、子どもたちだけでは力が足りない昇降口や下駄箱に割り当てて協力してもらいました。

もう1つは、担当の仕事を減らしました。掃除担当の教師は、新しく購入したほうきの紐の付け替えをしなければなりませんでした。市販のほうきは上の方に吊り下げ用の輪が付いていますが、ビニルでできた輪なので、すぐに破れます。吊り下げ用の輪が破れたほうきは、掃除道具箱の下に置かれます。すると、ブラシの先が曲がり、すぐに痛んでしまいます。そのために、新しく買ったほうきの柄にドリルで穴を開けて、紐を通すのも担当の仕事だったのです。

1本や2本なら簡単ですが、さすがに20本、30本と新しいほうきが入ると、かなりの手間になります。私は、何かよい方法はないかと思案しました。ブラシの部分を下にするから、重みで下の部分が曲がるのです。では、逆にすればよいのではないか、と考えました。事務員に頼んで円筒形のプラスチック製のゴミ箱をクラスの数購入してもらい、全ての掃除道具箱に入れました。ほうきの柄を下にして、そのゴミ箱の中に入れるのです。こうすれば、ほうきが痛むことはありません。ほうきの柄にドリルで穴を開けて、紐を通すという面倒な仕事も必要なくなります。ほうきを逆さまに入れることに抵抗を示す教師もいましたが、「その人は、自分で穴を開けて紐をつけてください」と言ったら、穴を開ける教師は誰もいませんでした。

　これら2つの改革は一見些細なことに見えるかもしれませんが、暗黙のルールで続いていたことを突然変えるのは、思いのほか覚悟がいるものです。しかし、ちょっとアイデアを出せば、楽になることはたくさんあります。一番の障害は、実は同じ学校の教師かもしれません。変革を怖がったり、嫌がったりする教師は多いのです。しかし、勇気を出して提案してみることは大切です。一旦通ってしまえば、いつの間にか慣例もあっさり忘れ去られ、抵抗なく受け入れられることは案外多いものです。

CHAPTER 4

労働範囲の曖昧さ

学校外にどこまで関わるのか

1 どの範囲までが教師の仕事？

日本の教師の仕事範囲に疑問を感じるようになったのは、妹から甥や姪の話を聞いたことがきっかけでした。私の妹の家族は、夫（義理の弟）の仕事の関係でアメリカに住んでいました。アメリカの学校の様子を聞かされるたびに、私は大いに驚いたのです。いくつか例をあげてみます。

① 電話は勤務時間内に

姪は3歳でアメリカに渡りました。保育園では、毎日泣いてばかり。理由は「だって、何を言っているかわからないもの」。それはそうでしょう。しばらくして、妹は保育園での様子が気になり、夜、担任に電話をしました。妹が話し始めると、「保育園での様子ですか？　それなら仕事の話ですから、明日の勤務時間中に電話して

ください。今は、私のプライベートな時間ですから」と言われ、ガチャンと電話を切られたそうです。日本では考えられないことです。

②　校門から出たら責任の範囲外

アメリカの映画で、子どもたちが黄色いスクールバスに揺られて学校に行くシーンを見たことはありませんか。アメリカでは、学校に来るまでは保護者の責任です。したがって、スクールバスに乗る、親が車で送る、自転車や徒歩で来る（危険なのでほとんどないそうですが）という通学方法を選ぶのは自由です。その結果、たとえ事故があったとしても、それは保護者の責任です。校門の外は保護者、中は学校の責任というように、はっきりと線が引かれています。

つまり、子どもが学校の外で万引きなどの事件を起こしても、学校には関係ありません。その対応をするのは、保護者と警察の仕事です。

③　生活指導は仕事ではない

アメリカの教師は、授業をする、勉強を教えるというのが仕事なので、放課後の研修の時間も確保されています。日本でいう生活指導やクラブ活動は仕事の内に含まれません。また、給食指導というものもなく、午前中の授業が終わり、昼食の時間になると、子どもたちはそれぞれ行動します。学校内の色々な場所で、持ってきたお弁当を食べたり、食堂があれば、そこでお金を払って食べたり、とにかく午後の授業までに間に合えばよいのです。

ただ、アメリカの教師の待遇は、日本に比べて非常に悪く、待遇のよい仕事が見つかれば、平気で転職するのが現状のようです。

④基本的には自己責任

姪がヘアアクセサリーを付けて保育園に行くと、先生方は「とても素敵」とか「あなたに似合っている」などと褒めてくれるそうです。日本の教師のように、「それは校則違反」とか「勉強に関係のないものは持ってきてはいけません」とは言いません。これは、個性を尊重して、「その子らしさ」を表現できる子どもを育てるためです。

こう書くと何もかもが自由のように思われますが、そうではありません。勉強ができなければ容赦なく落第となります。また、校則違反には大変厳しいのです。人に迷惑をかけること、例えばひどい風邪をひいて咳が止まらなかったり、教師に暴言を吐いたりすれば、すぐに登校禁止になります。自分の行動は自分で責任を取るという考え方が、自由の対極にあるのです。アメリカは多民族社会ですから、マナーよりもルールに重きが置かれます。日本はその辺が曖昧なので、もっとルールに重きを置く方針に変える必要があるのではないかと、私は考えます。

なお、「アメリカの学校では…」とか「ヨーロッパの学校では…」という表現には注意が必要です。アメリカやドイツでは州の権限が強いため、同じ国でも州が違うと教育の方針や方法が全く違うことがあります。また、日本のように国が認めた教科書を使うというのも珍しいです。ちなみに、私の妹たちはニュージャージー州に住んでいました。同じアメリカ国内でも、ほかの州では異なる点もあるでしょう。

一方、日本ではどうでしょうか。授業のほかに、学級経営や生活指導、しまいには人間性の涵養までもが要求されます。給食では配膳の仕方、食器の置き方、食事のマナーまで指導します。出張があれば、旅費計算等の事務処理までしなければなりません。校外のトラブルまで責任を負わされ、保護者からの苦情があれば、夜遅くに家庭訪問をすることもあります。しかも、すべてタダです。

私の友人で、元会社員という経歴の教師がいます。彼は、「企業で働いていた時は、帰宅が遅くなっても仕事のことは一旦忘れて帰ることができた。教師になってからは、『〇〇さんは、どうかな？　家に電話した方がいいかな』と子どものことが気になって、精神的に引きずることが多い」と話していました。

日本の教師は、学校の内外問わず、あまりに広い範囲の対応を求められているのではないかと思います。もちろん、それらのきめ細やかな指導によって、日本の教育水準が保たれているという側面もあるでしょう。しかし、それらは教師の犠牲によって成り立っていると言わざるを得ません。その証拠に、２０１６年の日本の教育費が公的支出のＧＤＰに占める割合は、ＯＥＣＤ加盟で比較できる35か国中、最低です*。

＊文部科学省「図表でみる教育２０１９年版」

〈2〉労働範囲に線引きするために

(1) 優先順位を決める

できる教師ほど、全ての指導に力を入れようとします。それは、清掃や給食などの指導が、授業づくりや学級経営につながることを知っているからです。事実、きちんと学習する子どもは、掃除もしっかり取り組みます。そういう意味では、線引きするというのは難しいのです。私は、ここまではしっかりと指導する、それ以外はしないとはっきり線を引くのではなくて、指導の重要度別に何本も線を引きます。

重要度が高いものから並べると、次のような順番になります。

・学習指導
・宿題、家庭学習の指導（授業につながること）

・清掃指導
・給食指導
・登下校指導*
・放課後、休日の生徒指導（校外のトラブル対応など）
・マナーやルールの指導（学校生活に直接影響しないこと）

*ただし、学校保健法によると、登下校指導はグレーゾーンです。なぜなら、学校保健安全法に次の項目があります。

第27条（学校安全計画の策定等）学校においては、児童生徒等の安全の確保を図るため、当該学校の施設及び設備の安全点検、児童生徒等に対する通学を含めた学校生活その他の日常生活における安全に関する指導、職員の研修その他学校における安全に関する事項について計画を策定し、これを実施しなければならない。


ここでの線引きは、実は自分との戦いなのです。本来ならばしっかり指導したいことがあっても、我慢してこれくらいにしておこうと割り切ることが重要です。

また、今までの習慣から、保護者は何でも学校に持ち込めばよいと思っている節があります。中には、塾をサボったことさえ、「先生、うちの子を叱ってください！」と頼んでくる保護者もいるくらいです。相談は受けますが、直接子どもに対峙し、指導するのは親の役割なのです。

(2) 学校外のトラブルには踏み込みすぎない

校外で起こった子どもたち同士のトラブルも、学校にはよく持ち込まれます。しかし、このような場合は、簡単な調査で済ませるのが賢明です。具体的な例を挙げて説明しましょう。

例1

ある日の放課後、数人のスーツ姿の若者たちが学校の廊下を通り、校長室に入っていくのを見ました。保護者にしては若すぎます。しばらくして、職員室に集まるようにと校内放送がありました。

校長は「校区にある会社の駐車場で、車にいたずらがあったそうです。何台かの車の塗装が傷つけられたという訴えがありました。ちょうど、走り去る子どもたちを見たので、本校の子どもたちではないかということです。明日、子どもたちに聞いてみてください」と言いました。私は、事件のあった場所と時間を確認しました。

次の日、この出来事に関して、子どもたちに聞いてみました。駐車場の車が傷つけられる事件が起こったこと、何かこのことについて知っている人はいないかと問いかけたところ、私のクラスの子どもたちはみなキョトンとした表情をしていました。

その日は朝から、校長室に、クラス担任が次々と報告に出入りしていました。放課後、また職員が召集され、校長は次のように言いました。

「突然の調査を依頼しましたが、対応をありがとう。結局、どのクラスからも何の情報も得られませんでした。昨日訪れた方たちには、その通りを告げようと思います。不満かもしれないが、分からないことは分からない。警察へ行ってくださいと言うしかないでしょう。本来、これは学校の仕事ではありません。世間というのは、学校に言えば早いと思っているようですが、学校は警察ではないのです。この件は、これで終わります」。

「これで終わる」とはっきり言われたのを覚えています。校長はここで線を引いたのです。

例2

私の隣のクラスで起こった出来事です。担任は、とても熱心な中堅の女性の先生でした。ある日、A君の保護者から次の訴えがあったそうです。

「この前の日曜日に、息子の友達が何人か家に遊びに来てくれました。漫画を読む子、テレビを見る子、一緒にテレビゲームをする子たちと、それぞれに楽しんでくれているようでした。夕方、子どもたちが帰ってから、息子が片付けをしていたら、ゲームソフトが1つ足りないことに気がついたのです。先生、子どもたちに聞いてもらえませんか」。

先生は、「それはいけませんね」と熱意を示し、関係した子どもたちを放課後集めました。そして、家の見取り図まで作り、誰がどこで何をしていたかを、根掘り葉掘り聞き出しました。子どもたちから聞き取りをしていくうちに、B君が怪しいのではないかという雰囲気が出てきたそうです。その日は、時間も遅くなったので、子どもたちを帰らせました。

すると、夜になって、B君のお父さんから「うちの息子が泥棒扱いをされているが、証拠があるのか！」と苦情の電話があったそうです。B君が家に帰って、お父さんに訴えたのです。先生は、大慌てでB君の家に謝りに行きました。

そもそも、先生はここまでする必要があったのでしょうか。保護者に頼まれた以上、放っておくわけにはいきませんが、一人一人にその日の様子を聞いて、それをA君の保護者に伝えるだけでよかったのです。先生の熱心さが仇になったと言わざるを得ません。本来ならば、保護者が子どもたちを集めて「ゲームソフトがなくなったけど、知らない？」と聞き取りをしなければならなかったのですが、面倒だし、他の保護者との関係にひびが入る危険性があります。そこで、都合のよい学校に頼んだのです。この出来事が起こったのは休日、しかも保護者の家です。教師はその場にいなかったのだから、分かるわけがないのです。熱心な教師ほど、このようなケースに巻き込まれがちです。

私だったら、このような場合は簡単な調査をして、結果を保護者に知らせ、そこで線を引きます。保護者としては不満かもしれませんが、学校は警察ではないし、犯人捜しは教師の仕事ではありません。

(3) 保護者に携帯番号は教えない

私のような年齢であれば、大体の家に固定電話があるでしょう（むしろ、昔はそれしかなかったのですが）。携帯電話が普及してから、私の電話番号は2つになりました。私が現役で担任をしていた時は、保護者には固定電話の番号を教えても、携帯電話の番号は教えませんでした。固定電話だったら、休みの日に出かけていても、出先まで掛かってくることはありません。また、常識として朝早くや夜遅くに家に掛けるのは失礼だという最低限の礼儀がありました。

当時も、保護者との親密感を出したいのか、携帯電話の番号を教える教師もいましたが、私は絶対に教えませんでした（ちょっと心配な保護者がいて、その時だけは例外的に教えたこともあります）。しかし、最近は、携帯電話しか持たない若い教師がたくさんいます。すると、保護者との連絡用に、学級通信などに携帯番号を載せざるを得なくなるのです。中には、非常識な親が夜遅くに平気で電話を掛けてきて、「宿題が分からないと子どもが言っています」などと相談してくることもあります。そのようなことを防ぐために、保護者に携帯番号を教えない教師が増えてきました。「連絡があるなら学校へ」ということです。私はそれでよいと思います。

(4)「前例」を見つける

もう10年以上前になりますが、ある会議に出席する機会がありました。会議には、教育委員会の担当者、各校の代表者が出席します。議題は、「どうすれば多忙化を解消できるか」。会議で話し合って解消できるくらいなら、とっくに解消しています。

真面目な先生方は、「こうやったら少しは楽になった」とか「時短になった」などと意見を出しています。私は、「この会議こそ時間の無駄。会議をなくせば仕事が進むのに」と思いながら、黙っていました。

しかし、司会者の一人が私に意見を求めてきたので、仕方なく、こう言ったのです。

「学級通信は週に1回。自作テスト・プリントは禁止。夜7時にはパソコンを強制的にシャットダウンし、学校に鍵をかける。教育委員会からの文書は半減してもらう」

司会者は、「まあ、そんなことは言わずに…」と、呆れたような顔をしていました。私はさらに、同席していた教育委員会の方に質問しました。

「ちょっと聞きたいことがあります。市役所や図書館などの施設では、勤務時間を過ぎると『本日の業務は終了しました』というメッセージが流れますが、学校ではできないのですか？」

その方は、ちょっと困った顔をして次のように言いました。

「よく分かりませんが、学校ではできないのではないでしょうか？」

ところが、現在では実行している学校があります。

京都府与謝野町では、2018年の6月1日から、京都府の城陽市は8月1日から、勤務時間外の留守番電話を導入しています。小学校は夕方5時以降、中学校は夕方6時以降、自動音声に切り替わります。また、京都府内の府立高では、この留守番電話のほかにも、保護者からの欠席連絡をメールにするという方法も導入されています。

さらに、北海道教育委員会も2019年の7月下旬から、全道立学校262校で、勤務時間外の電話対応を廃止しました。電話対応が長時間労働の一因となっているという理由から、おおむね午後7時から翌朝7時半までは、留守番電話に切り替わります。また、週末や年末年始、学校閉庁日は終日留守番電話です。緊急の場合はどうするのかと、心配する声も上がりそうです。その対策には、時間外の緊急連絡先として学校のメールアドレスを設定、管理職らが自宅のパソコンや携帯電話でも見られるようにしているそうです。

私の住んでいる県でも、県立学校が留守番電話を導入しています。また、別の市では、導入している小中学校がすでにあります。

留守番電話を採用した学校では、「静かになった」「事務処理などの勤務に集中できる」と、評判は上々だそうです。

どこの行政も、前例がないことには消極的です。その時に「いや、○○市では、もう実施していますよ」という情報を示すと、案外スムーズに採用されます。アンテナを高くして、他の地域の情報を得ることも大切です。

3 トラブルを減らすために

(1) すぐ専門家に任せる

「登校を渋るようになった子どもがいる」「お金の支払いが滞る家庭がある」「学習がなかなか進まない子どもがいる」。このような場合、私は躊躇せずに、すぐに専門家のいる市の機関、教育相談所に連絡します。私たち教師は、たくさんの子どもを見ているようでも、臨床心理士などの専門家に比べたら素人です。早いうちに専門家の助言をもらった方が、早期解決に結び付くことが多いと言えるでしょう。なるべく内々で解決したいという心理も分かりますが、こじれた時に多くの時間と労力を費やすことになるのは、教師自身なのです。

ただ、専門家の助言を受ける場合も、保護者とよく相談し、感情を害することのないように配慮が必要です。

(2) 子どもの登校は教師の目が届く時間内に

例1

ある学校で6年生を担任していた時のことです。朝、子どもが「机の中に入れておいたものがなくなった」と言ってきました。この子どもが初めてではありません。実はここ2、3日の間に、何人かが同様に訴えていたのです。

その学校の業務員さんは、子どもたちがいない間に仕事がしたいと、早朝に学校に来て、児童玄関を開けます。そこから始業時間までの出来事に違いないと思いました。朝早くに来る子どもがいますが、その子だと決めつけるわけにはいきません。

その学校は、「8時15分までに学校に来なさい」という決まりになっていますが、「早く来てはいけません」という決まりはありません。また、教室に鍵はかけられません。事件を防ぐには、私が業務員さんと同じくらい朝早く学校に来て、教室にいなければならないということになります。しかし、私も自分の子どもを保育園に送る準備などで、毎日早く来られるわけではありません。思案した結果、次のように決めました。幸い6年生の教室は少し離れた別棟にあったため、その鍵を私が預かり、一定の時間まで別棟を開けないことにしました。もちろん子どもたちに話をして、保護者には通信で知らせました。それからは、物がなくなることはありませんでした。

例2

ある学校で教頭をしていた時のことです。その学校は「8時10分までに学校に来なさい」という決まりがありました。しかし、前述の学校と同じで、「早く来てはいけません」という決まりはありません。実際、7時過ぎにやって来る子どももたくさんいました。理由は、次のようなものです。

・早く学校に来て遊びたいから
・親が出勤する際、子どもを早く家から出すから

たまたま、その学校の業務員さんも早く来られる方なので支障はなかったのですが、これからのことも考え、次のように子どもたちに告げました。

「学校には、朝8時10分までに来ましょう。ただし、あまり朝早く来ても、誰もいないことがあるので、早く来すぎるのもいけません。だいたい7時40分から、8時10分までに来るようにしましょう」。

そして、保護者向けの文書には次のように書きました。

今回、登校時間を制限したのは、私の経験に基づく次の理由からです。

・あまり朝早いと、通学路に人通りも少なく、不審者に出会ったり、事故が起きたりしても助けてもらえない可能性がある。

・教師が出勤していない時間帯だと、何かあった時にすぐに対応できない危険性がある。過去に、朝早くに誰もいない校庭で遊んでいて、ケガしてしまった子がいた。その時は、幸いなことにちょうど早く出勤してきた教師が手当てをしたが、しばらく対応できないという可能性もあった。

保護者に理解を求めるのなら、きちんと根拠を示して、説明をする必要があります。その労力を惜しむと、後々になって、さらに無駄な労力を割くことになりかねません。

この宣言以降、早く来てしまう子どもがいても、7時40分までは、児童玄関の扉は開けずに外で待たせました（ただ、雨の日だけは10分くらい早く開けました）。

保護者の中には、「先生が早く来てくれたらいいのに」と言う人もいますが、教師にも都合があります。そこはきっぱりと線を引くべきでしょう。

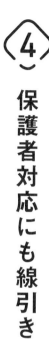

④保護者対応にも線引き

(1) 家庭の教育方針には口出ししない

すでに述べたように、近頃はルールやマナー、しつけの考え方も多様化してきました。また、最近は、家庭の事情や宗教上の理由などで、一斉指導することが難しい場面もあります。

教師は子どもを心配するあまり、よかれと思って指導することが多いでしょう。しかし私は、学校生活で支障が出る場合を除いて、どの家庭の方針に対しても「それは間違っている」とか「それはやめたほうがよい」などと口出ししないようにしています。こちらとしては「よかれ」と思って言ったことも、相手方にとっては、「よけいなお世話」としか受け取られないのです。

ただ、以前担任した6年生の女の子が、夏にあまりにも肌の露出の多い服を着てきて困ったことがありました。男の私が言うと問題になりますので、その時は同学年の担任をしている女性の教師からさりげなく注意してもらいました。

(2) 余計な解釈を挟まず、事実のみを告げる

問題行動の多い子どもについて、保護者と面談をしたり、懇談会でそのことを告げたりしなければならない時、どう伝えるべきか悩むこともあるでしょう。そのような場面では、「お宅の子どもは乱暴だ」とか「人に迷惑をかけることが多い」などといった直接的な表現は避けるようにします。とは言え、曖昧な表現では十分に伝わらないことも考えられます。では、どのように伝えればよいのでしょうか。私が心がけるのはただ一点、事実を正確に伝えることです。教師の余計な解釈はいりません。その事実から、保護者に考えてもらうのです。

例えば、A君の保護者に次のように伝えます。

「○月○日、体育が終わった後に、A君がB君に『逆上がりできなかっただろう』と言いました。そこで、B君と言い合いになりました。また、○月○日、今度はC君とすれ違った時に、C君の横腹をつつきました。C君は『なにするんだ！』とやり返しました。そこから喧嘩になりました」

このように、事実を告げます。すると、ほとんどの保護者は、

「先生、うちの子が先に余計なことをしたのですね。家でも弟とのやりとりを見ているからわかります」

とこちらの言いたいことを察してくれます。ところが、「A君は、いつもすぐにちょっかいを出します」というように切り出すと、保護者も自分の子が可愛いですから、擁護にかかり、こちらの言いたいことがなかなか通じません。

(3) 保護者の苦情は考え方次第

保護者の苦情は、経験を積んでもなお嫌なものです。若い時は何を言われても気になり、解決策はないかとただおろおろしました。しかし、歳をとると苦情の捉え方が変わります。次に示すのは、保護者の苦情に対する2つの全く反対の考え方です。

A：サイレント・マジョリティの考え方

苦情を言ってくるのはごく一部の人（ノイジー・マイノリティ）で、大多数は現状に満足している。不満がない大多数の人は黙っているという考え方。

B：企業のお客様相談窓口の考え方

いわゆるクレーマーと言われる人もいますが、窓口では、一つ一つ真摯に聞くことが重要と言われます。商品の場合、不満のある人はわざわざ苦情を言うよりも、買わなくなるのです。したがって、企業では、理由が分からないまま売れ行きが落ちていくという現象が起きます。ところが、相談窓口に苦情を言いにくる人は、その商品の欠点や不満な点をわざわざ教えてくれるわけです。企業にとっては「ありがたい」情報なのです。

このような考え方は、教師にも応用できます。保護者が苦情を言ってきた時には、次の手順で対応していくとよいでしょう。

① まず真摯に聞く。

中には、聞き始めから「おかしい」「情報が間違っている」と思うこともありますが、それを指摘すると、相手が逆上してしまうでしょう。はなから相手が興奮していたり、まくし立てたりしてくる時もありますが、まずはぐっと我慢して聞くことです。長い時でも30分が目安でしょう。言いたいことを全て言い切ると、落ち着いた様子になり、ゆっくりとした話し方に変わってきます。

② **内容の判断をする。**

・自分の子どもだけに有利な要求をしていると感じるような内容ならばAの考え方にあたり、ほとんどの保護者は満足しているはずだと考えます。つまり、その意見を取り入れてしまうと、逆に多くの保護者が不満に思うようになるわけです。

・中には、多くの保護者が同じように思っていると推測できるような苦情の内容もあります。つまり、教師に向かって言いにくいことをわざわざ教えてくれているのです。これはBの考え方にあたり、「教えてくれてありがとう」と感謝すべきことでしょう。

③ **返答する。**

・Aならば、「他の保護者のみなさんにも、そうしたほうがよいか聞いてみますね」と答えます。そして、クラス役員

ウチの子
だけ…
うーん
これはどっちなんだ?
ムムッ

やＰＴＡ役員など数名に聞いてから、その保護者に返事をします。おそらく「今まで通りでよいという意見が多かったので、このままでいきます」と答えることが多いでしょう。

・Ｂならば、「まったく気付きませんでした。考えてみます」と答えます。

④　最後に必ず謝辞

最後には、「教えてくれてありがとうございました」と、お礼を伝えることを忘れないようにしましょう。Ａの場合でも、Ｂの場合でも、そういう情報を得ることができたのは、教師にとってありがたいことです。

若い時には苦痛でしかなかった保護者の苦情が、このような姿勢で対応するようになってから、精神的に余裕をもって聞くことができるようになりました。

(4)　保護者にも、教師の仕事をＰＲ

学校が勤務時間外の留守番電話を導入することなどに対して、世間にはよく思わない人たちもいます。あるタレントが、「えー、なんか寂しいですけどね。金八先生見たでしょ？ビジネス化しちゃダメでしょ、そこは」と発言し、ネットで炎上したことがありました。

このように、保護者の中には、教師の仕事について全然分かっていない人も多いのです。

これは管理職の役目だと思いますが、労働状況を保護者にＰＲすることは、とても大切です。私たちには残業手当がないということは、保護者にはあまり知られていません。保護者の教員に対する意識は、「先生たちには夏休みがあっていいなあ。それに安定した公務員で、退職時にはたくさん退職金がもらえる」くらいのものです。せいぜい「まあ、最近の先生は大変だけどね」と補足してくれるくらいでしょう。

例えば、保護者が集まる懇談会やＰＴＡの総会などの機会を利用して、教師の労働条件をＰＲし、世間や保護者を味方につけるような運動をもっとすべきではないかと思っています。

あれは
ドラマだし…
あいにく
私は
金八先生では
ないので…
え〜
金八先生なら
やってくれるのに！

昔、学校が荒れた時に、その状況を隠して校内で解決を図ろうとした学校と、積極的に保護者や地域に現状を晒して、「こんな状況だから、協力してほしい」と訴えた学校とで

は、後者の方が早く解決したという話を聞いたことがあります。

今も、「このような状況で人手が足りない。ぜひ子どもたちのために協力してほしい」と保護者に協力を訴えるべきだと思います。それはあくまでもお願いであり、学校側から、登下校の見守りを当然のごとく保護者に要求したり、「予算がないから」と言って備品購入のためにPTA会費を使ったりしてはいけません。それでは、保護者は味方についてくれないでしょう。千葉市では、教育現場の教員不足に対応するために、小中学校の常勤講師・非常勤講師を募集するチラシを保護者に配布しました。ネット上では、「そこまで深刻なのか」と驚きの声があがったそうです*。

* https://news.biglobe.ne.jp/domestic/0925/jc_190925_3959296324.html

中には、読書好きの保護者を集めて、図書館整理や読み聞かせのボランティアを募集したり、料理上手な保護者に家庭科の授業を手伝ってもらったりしている学校があります。保護者も、教師が慌ただしく動き回っている様子を見たり、言うことを聞かないで廊下で暴れている子どもを見たりすれば、学校の現状を理解してもらえるかもしれません。

CHAPTER 5

豊かな教師生活に向けて

「子どものために」という落とし穴

〈1〉仕事にきちんと線引きするために

(1) 自分の中に判断基準をもつ

これまでも述べてきたように、教師の仕事は曖昧で、「子どものために」と言い出したらきりがありません。明快な正解というものがないからこそ、どこまでも力を尽くそうとするでしょう。真面目な先生はなおさらです。

あなたが勇気をもって仕事に線引きをしようとするとき、もっとも障害となるのは、実は熱心な同僚の存在です。子どものために最善を尽くそうと奮迅している同僚を前にして、仕事に線引きをするのは勇気がいることでしょう。

周囲に惑わされないようにするためには、自分の中に判断基準をもつことです。これは、自分との戦いでもあります。

「隣のクラスの先生は、毎日学級通信を出している」

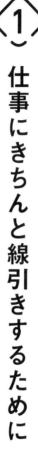

↓「私は週に1回。教材研究の時間も必要だし、自分の時間も欲しい」
「保護者に宿題をもっと出してほしいと言われた」
↓「宿題は、量ではなく習慣付けが目的」
「みんなはまだ仕事をしている。帰りたいけど悪いかな」
↓「自分の仕事はもう済んだ。さっさと帰ろう」

「今日の仕事を明日に伸ばすな」という言葉がありますが、それに対して「明日の仕事を今日するな」という言葉もあります。今日の仕事は今日する、明日の仕事は明日する、とけじめをつけることが大切です。

このような判断基準は、私も経験を重ねて作り上げてきました。若いうちは、すぐに基準を作ることは難しいと思いますが、先輩の先生方の行動を観察したり、アドバイスをもらったり、時には反面教師にしたりしながら、徐々に自分の中に基準を作っていきます。そうすれば、「どこまでやるのか」という迷いがなくなっていくはずです。

(2)「しなければならない」の呪縛を捨てる

私も若い頃は、「子どもたちのノートを集めて点検したら、必ず一言書かなくてはいけない」と思っていました。周りのほとんどの教師がそうしていたからです。ところが、私はこの一言を書き込むのがとても苦手でした。学校で頑張ってはみるものの、結局間に合わずにノートを家に持ち帰っていました。夜に書き込んで、次の日に持ってくるのです。

独身のうちはまだしも、自分の家庭をもつようになると、家でも自由に使える時間は限られます。ノートを持ち帰ったものの、結局1冊も見ることができずに、そのまま学校に持って行って、子どもたちに謝ったことは二度や三度ではありません。

そこで、「ノートを集めたら、必ず一言書かなくてはいけない」というルールをなくすことにしました。もちろん、時間があれば一言書きます。教師からの一言を楽しみにしている子どももたしかにいるでしょう。しかし、見ることなく机にしまってしまう子も案外多いです。

私が代わりに取った方法は、次のようなものです。

・よいところに赤線を引いて、一重丸、二重丸を付け加える。これだけでもかなりの時間短縮になる。

・「これは…」と思った子どもにだけ、一言付け加える。その一言には、よい点もあれば、よくない点もある。

・赤線を引く時間もない時は、目を通して「見ました」等のハンコだけ押す（本当に急いでいる時）。

一言がない代わりに、ノートに押すハンコには工夫をしてみました。

① オリジナルコメントが人気

好きな言葉を入れられる5点セットのハンコを見つけ、注文してみることにしました。「大変よい」「がんばったね」など、5つ考えていくうちに、念のため「ぜんぜんダメ」というのも作ってみました。これはあまり使うことはないだろうと思ったので、「じぇ〜んじぇんダメ！」とふざけてみました。ある日、教卓でノートにハンコを押していた時に、子どもたちがそのハンコを見つけ、「先生、これ押して、押して！」と言ってきたのです。「えっ⁉」と驚きましたが、押してやると大喜びでした。次回から「じゃあ、満点取ったら押してあげる」と言ったら、テストやプリントで満点をとった子どもたちが、「押してほしい」と殺到しました（元の意味とは正反対なのですが）。

②　教師の似顔絵ハンコが人気

教師向けの商品チラシで、似顔絵ハンコというものを見つけました。自分の顔写真を送ると、プロのイラストレーターが似顔絵を描いてくれるのだそうです。「おもしろい」と思った私は、自分の顔がどのようなイラストになるのか知りたいという興味もあり、注文してみることにしました。

コメントは一言だけなので迷いましたが、いつでも使えるようにと「みました」に決めました。しばらくして、ハンコが届きました。さすがプロです。顔の欠点はきれいに修正されていました。

このハンコも子どもたちに人気でしたが、学年によって子どもの反応が分かれました。中学年までは、喜んで「押して、押して」とノートを持って来ます。ところが、高学年になると、教師の顔にいたずら描きをするようになります。そのため、高学年の場合は、よほどの時でないと押してあげません。

思い切ってやめたことは、ノートへの一言以外にもありますが、実際やめてみてもさほど困ったことはありません。やめる前には抵抗を感じますが、教師自身がこだわっているだけで、子どもは案外気にしないということも多いのです。

(3)「これっておかしくない？」と常に疑問をもつ

① 異動した時がチャンス

ある学校に赴任してから半年ほど経った時に、校長先生から「今年、新しく赴任した先生方は、16時に校長室に集まるように」という指示がありました。私も校長室に向かうと、そこで次のように言われました。

「半年間、この学校で勤務してみて、『あれ、今までの学校と違う』とか『この学校は、こんなやり方をしているけれど、こうしたほうがいいのに』と思ったことはないですか？ぜひ遠慮なく言ってほしい」

集められた者たちは、次々と答えていきました。私は、給食の時の消毒の方法について無駄ではないかと伝えました。

全員の話を聞き終えてから、校長は次のように言いました。

「ありがとう。参考にさせてもらう。人というものは、最初はいろんなことに気付くが、時間が経つと『こんなものだろう』『この学校はこういうやり方だから』と疑問を感じなくなっていく。そこで学校を改良しようと、まだ赴任して間もない君たちに聞いたのだ」

それから私たちの意見を取捨選択して、校長は実行していきました。

私もこれ以降、学校が変わるたびに、改良すべきところや見習うべきところを見つけると、忘れないようにメモをしておきました。本当に「人間は習慣の奴隷」*なのです。

*オグ・マンディーノは著書『地上最強の商人』において、「人間を成功に導くのは習慣である。なぜなら、人間は習慣の奴隷である。何人もこの命令には抵抗しえない」と記しています。

② 交通費60円のために1500円を支給？

私が40代の頃の話です。その当時、出張にあたって、まず出張命令書（出張伺書）を作成しなければなりませんでした。世間では、不正の発覚によって、公金に対する取り扱いが厳しくなっていたため、当時の校長会は、「税金である公金を間違いなく使っている証拠に、出張報告書を作成するように」と教員に義務付けました。そこで、会議の場所、時間、内容をA4用紙1枚ほどに書き込んだものを、出張報告書として提出することになりました。

つまり、出張前に出張命令書（出張伺書）を作成し、出張後に出張報告書を作成するということです。当時の交通費は、車を使用する場合、1kmにつき30円というきまりでした。私の所属していた学校から、よく会議が行われる公共施設は大変近く、約1km、往復しても約2kmでした。交通費にして60円です。近くて便利だったのですが、ある日ふと疑問に思い、校長先生に聞いてみました。

「校長先生、出張に行くと、出張命令書と出張報告書を作成しなければなりません。全部作成するのに、急いでも30分はかかります。私の時給は3000円くらいですから、この作業に県は1500円払うことになるわけです。今、県では「経営品質改良」などの経営改善運動が行われていますが、出張費60円の公金をきちんと使いましたという書類作成に、1500円かけるのは経営品質上おかしくないですか？」

校長先生は一瞬黙って、それからこう答えてくれました。

「確かにそうだ。君の言いたいことも分かるが、決めてしまったことだし、みんなもやっているので、いままで通りやってくれ」。

民間企業に勤めている友人に聞いてみると、「1万円までは書類はいらない」とか「移動距離が○km以下なら出張申請はいらない」というような答えが多数でした。

この出張報告書を書くという制度は、そのうちになし崩しになっていきました。

②教師こそプライベートが大事

(1) 趣味を楽しむことが仕事につながる

私には、趣味がたくさんあります。この趣味が、教師生活を助けてくれたと言っても過言ではありません。小学校教師は、国語、算数とたくさんの教科を教えなければなりません。趣味が多いと、それらが教科指導につながること

もあります。

・模型工作→図工
・観劇・音楽鑑賞→音楽・表現活動
・科学読物→理科
・登山などの運動→体力作り
・旅行→社会
・英会話→英語
・パソコン→ICT指導・仕事の効率化

また、趣味の多さが交友の広さにもつながっていきます。友人のYさんは会社員ですが、カブトムシ・クワガタを大量に飼育しているため、毎年「虫博士」として、3年生の授業の特別講師をしていただいています。友人のNさんは、不幸にも若い時にバイクの事故で下半身不随になり、車椅子生活を送っています。しかし、彼はそれを跳ね返すくらいの勢いで、テニス、ヨットなどに挑戦し続けています。彼も特別講師として学校に招き、高学年の子どもたちに「障がい」とか「社会福祉」について講演をしていただいています。

(2) 何より大事な気分転換になる

私の所属している趣味のサークルは、様々な職種、年齢層のメンバーで構成されています。しかし、みんな元気なのです。その理由をサークル内で話し合ってみたことがあります。仕事上だけしか付き合いのない人は、仕事で行き詰まった時に、出口がありません。しかし、私たちのように仕事以外の付き合いがある場合、たとえ仕事で行き詰まっても、全く違う世界で気分転換ができるのです。特に、教員の世界は狭いものです。違う世界の人たちと付き合いをもつことをお勧めします。

(3) 考え方の軌道修正ができる

社会人のサークルでは、教師は珍しい存在です。教師が社会人のサークルに参加すること自体も少ないようですし、教師であることを隠す傾向もあるように思います。そのような姿勢から、世間一般では、「先生は世間知らず」と言われてしまうのではないでしょうか。しかし、私は様々な人と接するうちに、教師独特の考え方を修正することができたと感じています。

例えば、同じサークルの旅館を経営している人から、こんなことを聞かれました。伊勢志摩地方には、たくさんの修学旅行生が訪れます。

「ちょっと聞きたいことがあるのだけど、駅のホームで修学旅行生を待っている時、列車から子どもたちが降りると、必ずと言っていいほど、どこの学校も同じことをするんだよ。先生が『班長さん、整列させて人数を数えてください』と言うと、駅のごった返しているホームで、班長さんが一生懸命その班の人数を数える。そして、教師に人数を報告し、それから移動。あれはしなくてはいけないのかな？　教師が『整列、気をつけ、前ならえ、先頭から番号！』と言えばすぐにすむのに。バスを駅の近くに停めているから、こちらとしては少しでも早く駅から出たいんだ。それに、ごった返しているホームで、あの数え方は危険ではないかな？」

確かに、私たち教師は「子どもたちの自主性を育てる」とか「自治的活動は大切」などの考えに基づいて、班長に人数点呼をさせることがあります。どちらかというと、その方法がよいと信じてやっています。しかし、この旅館の主人の話から、学校では当たり前と思っている行動や指導でも、社会では通じないことがある、臨機応変に対応しなければならないと学びました。また、若い時に次のような話があったのを覚えています。

ある年上の人が、こんなことを言いました。

「教師は若い時から『先生、先生』とおだてられてきたから弱いし、甘い。学校は、理想が通る世界だ。社会は違う。教師になる前に、2、3年企業で働いたら現実を学べてよいのではないかと思う」

すると、他の人がこう反論しました。

「いや、私はそうは思わない。小学生などの幼いうちから、能力主義や競争社会などの現実で教育されたらたまらない。私は、子どもたちに理想を語れる先生がいてほしい」

こんなふうに、私をよそに話が盛り上がったのを覚えています。

様々な考え方に触れることで、私は教師独特の考えを修正することができました。しかし、「ああ、これは分かってもらえないな」と思ったこともあります。

「最近の親はうるさいというのは分かる、しかし、指導の仕方によって学級が荒れるというのは分からない」と言われたことがあります。よくよく話を聞くと、そういう人たちは心の根底で「たかが子どもじゃないか、怒鳴ったら言うことを聞くだろう」と思っていることが分かりました。しかし、子どもたちはそんなに単純な存在ではありません。

3 教師生活を楽しもう

(1)「行動する教材研究」のすすめ

「教材研究」というと、ほとんどの人は本を読んで学習したり、偉い先生の講演を聞きに行ったりすることを思い浮かべると思います。もちろんそれもありますが、楽しむ教材研究というものがあります。旅行を兼ねて、現地に出かけてみるのです。

① 新美南吉記念館にて

愛知県半田市には「ごんぎつね」で有名な新美南吉の記念館があります。そこを訪れると、新美南吉の幼い頃の通知表が展示されていました。ごんぎつねの学習の後で、「新美南吉の通知表を見たことがあるよ」と子どもたちに話すと、みんな興味津々で身を乗り出してきました。『優』、今でいうと『よくできる』が多かった」と言うと、子どもたちは「そうだろうなあ。こんなすごい物語を作るのだから」と感心していました。また、記念館の周りの小道を歩きながら、兵十が張り切り網を持ち出したのはこの辺りではないかなどと、思いをはせることもできます。

② 宮澤賢治記念館にて

岩手県花巻市の宮沢賢治記念館を訪れたことがあります。当時、記念館の隣には、レストランがありました。その名はもちろん「山猫軒」。しかも、入り口のドアを開けると、ご丁寧にブラシが置いてあり「お客さまがた、ここで髪をきちんとして、それからはきものの泥を落してください」と書いてありました。「食べられるのじゃないだろうな」と言いながら店内に入ったのを覚えています。その話を子どもたちにしたら、「先生、食べられなかった?」と聞かれました。「食べられたら、ここにはいないよ」と言ったら、みんな大笑いです。賢治の自筆の「アメニモマケズ」のお土産を買って、子どもたちに見せました。

③ 吉野ヶ里遺跡にて

佐賀県の吉野ヶ里遺跡に行ったことがあります。これは行ってよかったと、本当に思いました。教科書等では「弥生の村」というような表現がされていますが、私の印象は「村」ではありません。見張り台、侵入を防ぐ高い柵、逆茂木《さかもぎ》などがあり、「要塞」「基地」「砦」と表現した方がふさわしいのです。実物を見たら、印象が大きく変わりました。写真をたくさん撮って、パワーポイントで歴史教材を作りました。

この他にも、「地層が見える」という話を聞くと見に行ったり、気になるところに出かけたり、旅行と教材研究を同時にしています。「百聞は一見に如かず」とは、昔の人はうまいことを言ったものです。

(2) 時間の余裕＝精神の余裕

これは、特に教師に限ったことではなく、一般論とも言えるでしょう。

仕事をテキパキとこなせば、当然時間に余裕ができます。時間に余裕ができれば、焦ることもなくなり、仕事の失敗も減るでしょう。その結果、精神にも余裕が生まれます。ピリピリと殺気だった先生よりも穏やかな先生の方が、子どもたちの気持ちも落ち着くに違いありません。学校が楽しければ、子どもたちの問題も減り、全てがよい方向に向かうというわけです。

その逆で、時間に余裕がなければ、焦りが失敗を呼びます。精神に余裕がなくなると、子どもたちを叱ることが増えるでしょう。学校が楽しくなければ、子どもたちは問題を起こします。全てが悪い方向に動くのです。

きわめてシンプルなことですが、実現するのは難しいことです。

(3) 体力の衰え＝精神力の衰え

40代半ばから、元気すぎる子どもたちの多いクラスの担任をすることが多くなりました。

ある6年生を担任した時は、毎日1時間目から6時間目まで、ずっと教室にいました。

「あれ？ 専科の先生は入ってくれないの？」と疑問に思われるかもしれません。もちろん、音楽科2時間と家庭科2時間は、時間割上は他の先生が授業を受け持ってくれます。音楽科は若い女性の先生、家庭科は年配の女性の先生です。

毎日、ずっと教室にいたのは、特に男の子同士で、いつケンカが起こるか分からないからです。しかも、体力のある6年生ですから、取っ組み合いにでもなった場合、女性の先生ではなかなか止められないのです。子どもたちは、専科の先生方の言うことをなかなか聞きません。

音楽の時間は、音楽室の後ろで授業を見ていました。合唱などの授業では、低音部のパート受け持ちなど、T・Tの授業になります。家庭科の時間は、教室の後ろにいました。さすがに、仕事が溜まってくるので、教室の後ろでノートを見たり、テストの採点をしたりしていました。

そのような元気すぎる子どもたちを担任していて、気付いたことがありました。それは、「体力が衰えてくると、気力も衰える」ということです。6年生の子どもたちの場合、時には、強い態度で出なければなりません。そのような場面で、自分が疲れていると、「もうこれくらいでいいや」と諦めてしまい、指導が緩やかになります。すると、子どもたちの方が元気いっぱいなので、いろいろなことをしでかしてくれるのです。こちらに体力が十分あると、子どもたちに対しても十分な気迫で臨むことができます。

そのような自覚が生まれてからは、ランニングやジム通いも始めました。一週間に一度くらい、思いっきり汗をかくと、スッキリして体調も気分もよいものです。今でもジム通いは続けています。

(4) やはり、子どもの笑顔は素敵

こういう言い方をすると非難されるかもしれませんが、私はもともと教師が第一志望ではありませんでした。どちらかというと、理系の職に就きたかったのです。しかし、私は長男で、父親が病弱だったこともあり、地元に残らなくてはなりませんでした。就職口がたくさんある都会とは違い、地方ではあまり選択肢はありません。転勤がなく、ある程度安定した収入を得るには、市役所、消防、県庁、警察、教員、つまり田舎では公務員しかないのです。

私の友人で、教師になりたくて夢を叶えたという人がいます。彼は、「仕事が教師、趣味も教師」と言い切っていました。子どもたちのために、毎日、日記を見て、学級通信を書き、さらに実践もたくさん積み重ねていました。「子どもたちのため」です。しかし私

は、元々が教師志望ではありませんし、趣味も多く、自分の時間がほしいという気持ちが強かったのです。そのため、他の教師とは違って、教員生活にどっぷり浸からずに、要領よく働けたのではないかと思います。

新規採用の時は、通勤に不便な田舎の学校への赴任が決まりました。家から遠いのでアパート暮らしでした。それはそれで気楽で楽しいものです。

実はあまり気乗りせずに始まった教師生活でしたが、実際に新学期が始まってしまったら、そんなことを言ったり考えたりする暇はありません。教材研究、授業計画、保護者対応…、毎日すべきことが山のようにあって、先輩教師に教えてもらうことばかりです。当時は、新規採用を指導する教官なんていませんでした。

2学期になると、少し余裕が出てきました。しかし、学校の中で一番若い私は、授業、学級経営、生活指導のどれを取っても、他の先輩の先生にはかなうことがありません。子どもたちに悪い気がして、何かよい方法はないかと考えました。あるのは若さだけ。それで、できるだけ子どもたちと遊ぼうと決めました。休み時間、天気がよければ運動場に出ます。放課後にも、子どもたちと野球やドッチボールで遊びました。

少しずつ教師らしくなってきた頃に、私は「子どもの笑顔」の素敵さに気が付きました。子どもたちの笑顔が見たい、楽しい学校にしたいという思いが私の中にわき上がってきたのです。その頃から、授業や学校生活にいろいろな工夫を加えるようになってきました。毎日が楽しく、秋頃には「今日はどんな面白いことがあるかな」と考えながら学校に行くようになっていました。教師という仕事に前向きでなかった頃の自分が嘘のようです。

ほとんどの教師は、「子どものために」という思いがあるからこそ、仕事がどんどん増えていったのだと思います。子どもたちのためにできるだけのことをしたいと思うのは、教師にとって当たり前のことかもしれません。子どもの笑顔のために仕事に邁進することを、私も否定しているわけではありません。

ただし、その前提として、教師自身が心身ともに健やかでいることが何より大事だと思うのです。もし、「子どもの笑顔を素直に喜べない」「むしろ子どもの笑顔が最近少なくなっている気がする」、そんなふうに感じているのなら、教師としての働き方を一度見直してみることも必要でしょう。

大学で私の講義を受けた学生のレポートに、次のような文章がありました。

「私は、友達（教育学部以外）に、『教師になりたいので、教育学部に行っている』と話すと『えー、なんで教師目指すの？』とか『今頃、教師なんてブラックやん』と言われてへこんでました。しかし、先生の楽しそうな学校生活の話を聞くと、やっぱり教師になりたいと思うようになりました」。

私は、この文章に対して、「今、世間ではいろいろ言われているけれど、これから君たちが教壇に立つ頃には、今より労働条件はよくなる。それに、なにより子どもの笑顔は素敵だ。教室では時々笑いが起きるけれど、仕事中に思いっきり笑える職業は教師以外にあるだろうか」というコメントを返しました。

おわりに

皆さんは「ゆでガエルの現象」とか「ゆでガエルの法則」という話を聞いたことはありませんか。2匹のカエルを用意して、1匹を熱いお湯に入れると驚いて飛び出すが、もう1匹を水に入れて緩やかに熱すると、温度上昇に気付かず、やがて死んでしまうという話です。急激な変化には気付くが、緩やかな変化には気付きにくい、気付いた時にはもう手遅れという意味で、ビジネス上の講話や人生訓として使用されます（ただし、生物学的には疑問とされています）。

年々忙しくなり、気付いた時には手に負えない状況になっている、これは全く現在の教員の状況を表してはいないでしょうか。ある調査によると、過労死ラインを越えて働く中学校教員は約6割。心の病を患って休職している教員は全国で5千人を超えると言われています。すでに熱湯の中にいるとしたら、すぐに飛び出さないと、完全に手遅れになります。

先日、友人のYさんからメールが届きました。Yさんは市内の中小企業に勤めています。「用事があるから、帰り際に君の家に寄りたい」という内容でした。それまでのYさんの退社時間を考えて、「いいですよ。何時になる？　19時くらい？」と返信しました。すると、「16時45分には仕事が終わるから、17時には着けるよ」という返事が来て、私は目を疑いました。教員の私なら、16時45分が勤務終了ですから、急ぎの仕事がなければすぐに帰ることができます。しかし、Yさんは現役の民間企業の社員です。16時45分に勤務が終わるというのはどういうわけでしょう。Yさんが来た時に尋ねてみました。

「いやあ、働き方改革で残れないのです。水曜日は16時45分には退社しなければなりません。ただし、どうしても顧客からのトラブル等があって残らなくてはならない場合は、上司に許可をもらうシステムになっています」

別の友人に、電気店で働くNさんがいます。夜遅くまで、家電の販売や修理に走り回っています。電気店ですから、土日は休めません。水曜日が休みになっているだけです。彼は私に、「いいなあ、週休2日で」と、よく冗談交じりに言ってきたものです。ある日曜日に、Nさんのお店に行ったら、お休みで閉まっていました。今までこんなことはありません。私は驚いて、急な用事かご不幸でもあったのかな、と心配になりました。2、3日後、お店に寄って「この前の日曜日は休みだったね」と言ったら、「あれ？　伝えてなかった？　この4月から働き方改革で第3日曜日も休みになったんだよ」と教えてくれました。

教師の働き方が問題になり、様々な改革の方向が打ち出されていますが、現実的には何も変わっていません。働き方改革が思うように進まない、あるいは具体的な方策が実現されない要因は、教師の仕事の特殊性からくるのでしょうか。確かにそれもあるかもしれません。教員定数を増やすなど、予算的な課題もあるかもしれません。

しかし、私は「子どもためのに」「子どものために」という魔法のような言葉に、良心ある教師が縛られていないかと危惧しているのです。「子どものために」という心が大切なことは言うまでもありませんが、自身の生活を豊かにすることも忘れてはいけません。豊かで安定した教師の生活から、豊かで安定した教育が生まれてくるのです。心身ともに健康で働くために、まずはできることから一つずつ、自分の「働き方改革」を進めてみてはどうでしょうか。

【著者紹介】
楠木　宏　くすき・ひろし

三重県伊勢市立中島小学校非常勤講師。
三重大学教育学部非常勤講師。
皇學館大学教育学部非常勤講師。
元伊勢市立小俣小学校教頭。
1956 年 6 月 23 日生まれ。
三重大学教育学部卒業、三重大学大学院教育学専攻科修了。
三重県公立小学校 9 校を経て、現職。
教育研究三重県集会　理科部会助言者。
内田洋行　教職員発明考案品　平成 25 年度、平成 26 年度　奨励賞受賞。
著書に、
『指示は 1 回―聞く力を育てるシンプルな方法―』（東洋館出版社、2016）
『「追い込む」指導―主体的な子供を育てる方法―』（東洋館出版社、2017）
『簡単！ 時短！理科授業の効率アップ術』（ 東洋館出版社、2018）
『学級づくりこれだけ！』（東洋館出版社、2019）がある。

教師の仕事ここまで！

2020（令和 2）年 3 月 10 日　初版第 1 刷発行

著　　者：楠木　宏
発 行 者：錦織圭之介
発 行 所：株式会社　東洋館出版社
〒 113-0021　東京都文京区本駒込 5 丁目 16 番 7 号
営業部　電話 03-3823-9206　FAX 03-3823-9208
編集部　電話 03-3823-9207　FAX 03-3823-9209
振替　00180-7-96823
URL　http://www.toyokan.co.jp
装　　丁：水戸部　功
本文デザイン：藤原印刷株式会社
イラスト：河口智子
印刷・製本：藤原印刷株式会社

ISBN978-4-491-03980-0　Printed in Japan